LILA
DAS KOSMISCHE SPIEL

Mit farbigem Spielplan und Anleitung
von Harish Johari

SPHINX

Aus dem Englischen von
Marco Bischof und Franchita Cattani

Die Deutsche Bibliothek – CIP–Einheitsaufnahme

Johari, Harish:
Lila, das kosmische Spiel / mit farb. Spielpl. und Anleitung von Harish Johari. [Aus dem Engl. von Marco Bischof und Franchita Cattani]. – 4., überarb. und erw. Aufl. – Basel : Sphinx, 1991
 ISBN 3-85914-630-0

1991 4., überarbeitete und erweiterte Auflage
© 1976, 1991 Sphinx Verlag, Basel
Das Werk einschließlich aller seiner Teile ist urheberrechtlich geschützt. Jede Verwertung ist ohne Zustimmung des Verlags unzulässig. Dies gilt insbesondere für Vervielfältigungen, Übersetzungen, Mikroverfilmungen und die Einspeicherung und Verarbeitung in elektronischen Systemen.
Originaltitel: Leela – The Game of Self-Knowledge
© 1975, 1988 Harish Johari
Umschlagbild: Harish Johari
Umschlaggestaltung: Charles Huguenin
Herstellung: Carl Ueberreuter Druckerei Gesellschaft m. b. H., Korneuburg
Printed in Austria
ISBN 3-85914-630-0

Inhalt

Das Spiel

Vorwort	7
Vorwort des Autors	11
Einführung	13
Die Bedeutung des Spiels	17
Die Zahlen	24
Spielregeln	26

Die Kommentare

Einleitung 31

Erste Reihe: Die Grundlagen der Existenz
 1 Genesis 34
 2 Maya 35
 3 Zorn 37
 4 Gier 38
 5 Physische Ebene 39
 6 Wahn 40
 7 Einbildung 41
 8 Habsucht 42
 9 Sinnlichkeit 43

Zweite Reihe: Das Reich der Fantasie
 10 Reinigung 46
 11 Unterhaltung 47
 12 Neid 48
 13 Nichtigkeit 49
 14 Astrale Ebene 50
 15 Fantasie 51
 16 Eifersucht 52
 17 Erbarmen 53
 18 Freude 54

Dritte Reihe: Das Theater des Karma
19 Karma 56
20 Wohltätigkeit 57
21 Buße 58
22 Dharma 59
23 Himmlische Ebene 60
24 Schlechte Gesellschaft 61
25 Gute Gesellschaft 62
26 Kummer 63
27 Selbstloses Dienen 64

Vierte Reihe: Das Erlangen des Gleichgewichts
28 Geeignete Religion 66
29 Irreligiosität 67
30 Gute Tendenzen 68
31 Heiligkeit 69
32 Gleichgewicht 70
33 Wohlgeruch 72
34 Geschmack 73
35 Fegefeuer 74
36 Klarheit des Bewußtseins 75

Fünfte Reihe: Der Mensch wird sich selbst
37 Jnana 78
38 Prana-Loka 79
39 Apana-Loka 80
40 Vyana-Loka 81
41 Menschliche Ebene 82
42 Agnih-Loka 83
43 Geburt des Menschen 84
44 Unwissenheit 85
45 Rechtes Wissen 86

Sechste Reihe: Die Zeit der Buße
46 Gewissen 88
47 Neutralität 89
48 Sonnen-Ebene 90
49 Mond-Ebene 91
50 Strenge 92
51 Erde 94
52 Gewalt 95
53 Flüssige Ebene 96
54 Spirituelle Hingabe 97

Siebte Reihe: Die Ebene der Realität
55 Egoismus 100
56 Urschwingung 102
57 Gasförmige Ebene 103
58 Strahlung 104
59 Wirklichkeit 105
60 Positiver Intellekt 106
61 Negativer Intellekt 107
62 Glückseligkeit 108
63 Tamas 109

Achte Reihe: Die Götter
64 Erscheinung 112
65 Innerer Raum 113
66 Wonne 114
67 Kosmische Güte 115
68 Kosmisches Bewußsein 116
69 Ebene des Absoluten 117
70 Satoguna 118
71 Rajoguna 119
72 Tamoguna 120

Das Spiel

Vorwort

Als sich die Priester des alten Ägypten, so sagt eine Legende, einst überlegten, wie sie die archetypischen Bilder, die man jetzt als Tarot kennt, über die Zeiten hinweg bewahren konnten, entschieden sie sich nicht für die Härte des Steins, sondern für die Form eines Spiels – und erfanden damit die Spielkarten. Diese Legende könnte man ebensogut auch auf das vorliegende indische Spiel beziehen. Denn auch in ihm finden wir die Kombination eines transzendentalen Inhalts mit der leichtesten der Formen, und ohne Zweifel kann das Fahrzeug der Unterhaltung seine schwere Fracht schnell, sanft und wirkungsvoll befördern. Und genauso wie das Tarot der Ursprung der Spielkarten ist, so ist es sehr wahrscheinlich, daß das «Dshyan Chaupar» («Spiel des Wissens») der Usprung des Englischen «Snakes and Ladders» (Leiterspiel) ist.

Spirituelle Traditionen und einzelne Forscher verschiedener Länder und Zeiten haben immer wieder versucht, die Zustände des Bewußtseins, so wie sie dem Menschen bekannt sind, und die Stufen der inneren Reise aufzuzeichnen. Der kabbalistische «Baum des Lebens», die zehn Bhumis des Boddhisattva-Pfades, die sieben Täler, von denen Fariduddin Attar in der «Konferenz der Vögel» spricht, die Aufeinanderfolge der neunfachen Hölle, des Fegefeuers und des Paradieses bei Dante, der «Aufstieg zum Berg Karmel» des Johannes vom Kreuz: dies alles sind Beispiele von solchen Versuchen, den einen oder anderen Aspekt der komplexen Struktur der inneren Welt des Menschen nachzuzeichnen. Auch das (Spiel-)Schema von Lila gehört dazu. Es ist, in seiner Grundstruktur, das Schema der Oktave mit einer Neunerunterteilung jedes Schrittes, so daß es auf diese Weise zweiundsiebzig charakteristische Landschaften oder den inneren Weg begleitende Zustände zum Ausdruck bringt. Dieses Achterschema wird, wie der Leser erfahren wird, zu dem des menschlichen Körpers und seiner Chakras in Beziehung gesetzt, nur, daß es über der Sphäre der sieben «menschlichen» Ebenen noch eine zusätzliche Ebene kennt, den «Ort der Götter», einen Bereich des reinen Prinzips.

Eine interessante Eigenheit von Lila besteht darin, daß es nicht eine Geographie der Seele oder einen Standardweg zeigt, sondern auch Möglichkeiten, wie der Einzelne fallen kann, wenn er einen erreichten Zustand nicht aufrechterhalten kann, oder wie er in einen viel höheren als seinen gegenwärtigen Zustand aufsteigen kann, indem er Stufen überspringt. Diese Ab- und Aufstiege, repräsentiert durch Schlangen und Pfeile, bereichern die Grundstruktur auf eine Weise, die tatsächlich eine unendliche Zahl von individuellen Wegen entstehen läßt. Nicht nur beeindruckt mich dieser Zug von Lila durch seine Lebensnähe; er weist meiner Ansicht nach auch auf eine Besonderheit des Spieles hin: der Spieler wird, genauso wie beim Konsultieren des I Ging oder des Tarot, wenn er dem Wurf des Würfels folgt, das Spiel der Synchronizität bemerken. Infolge dieser «seltsamen» Erscheinung, die für W. Pauli und C. G. Jung wie auch für die religiöse und magische Vorstellungswelt ein grundlegender Aspekt der Wirklichkeit ist, wird der Spieler entdecken können, daß die Entscheidungen des Zufalls nicht sinnlos zufällig sind, wie der «gesunde Menschenverstand» es haben möchte, sondern ihn (manchmal sogar ziemlich beharrlich) durch Stationen, Schlangen und Pfeile führen, die im Moment für ihn besonders wichtig und zutreffend sind. Aus diesem Grunde sehe ich voraus, daß dieses indische Spiel nicht nur wegen seines Unterhaltungswertes und als ein angenehmes Mittel, sich mit indischer Metaphysik vertraut zu machen, in Gebrauch kommen wird, sondern auch, zusammen mit anderen esoterischen Spielen, zu einem Spiegel der Selbsterkenntnis werden könnte.

Vor mehr als einem Jahrhundert kam das Spielbrett von Lila in die Hände der Familie des Autors, Harish Johari. Seine Ausführungen zu den 72 Themen auf dem Spielbrett werden ohne Zweifel dem Leserspieler das Netz ihrer gegenseitigen Beziehungen deutlich werden lassen und die verschiedenen Aspekte ihrer Bedeutung auf eine solche Weise beleuchten, daß sie, mehr als nur theoretisch interessant, nützlich und anwendbar sein werden.

Claudio Naranjo
Kensington, Kalifornien

Vorwort des Autors

Es gibt in Wirklichkeit nur *ein* Spiel, das Spiel, in welchem jeder von uns ein Spieler ist, der seine eigene Rolle spielt. Das Spiel ist Lila, das universelle Spiel der kosmischen Energie. Lila ist göttliches Spiel. Es liegt in der Natur des Höchsten Selbst begründet. Es ist diese spielerische Natur, die die Welt der Namen und der Formen – die Welt der Phänomene – erschafft. Lila ist das Leben selbst, ist die Energie, die sich in den Myriaden von Formen und Gefühlen, die ständig dem Ich begegnen, zum Ausdruck bringt.

Die wesentliche Eigenschaft des Spielers liegt in seiner Fähigkeit, zu werden, das heißt eine Rolle anzunehmen. Das eigentliche Wesen des Spielers kann irgendeine Rolle übernehmen. Aber sobald der Spieler einmal in das Spiel eingetreten ist, sobald er die Identität der «Persona» (C. G. Jung), die er spielt, annimmt, verliert er seine wahre Natur aus den Augen. Und er vergißt, worum es in diesem Spiel im Grunde geht. Seine Bewegungen werden durch den karmischen Würfel entschieden.

So wie es Momente gibt, in denen das Sonnenlicht für einen Augenblick das Muster der Wellen und Strömungen in einem Fluß zum Aufleuchten bringt, so gibt es auch Momente, in denen das klare Licht des Bewußtseins die planmäßigen Abläufe in der Lebensrolle des Spielers enthüllt. In diesen Momenten werden die Natur und der Fluß der Lebensenergie reliefartig hervorgehoben, und der Spieler löst sich aus seinem Verhaftetsein an seine Rolle und beginnt sein Leben als Teil eines größeren Ganzen zu sehen.

Das Ziel dieses Spieles ist es, dem Spieler zu helfen, die Fähigkeit zu erlangen, sich von seinen Identifikationen zu lösen, um zu erkennen, wie er ein besserer Spieler werden könnte. Denn dieses Spiel ist wie ein Mikrokosmos des größeren Spiels: In den zweiundsiebzig Feldern des Spielbretts ist die Essenz von Tausenden von Jahren der Selbsterforschung, das Herz der indischen Tradition, enthalten.

Sobald sich der Spieler von Feld zu Feld bewegt, beginnt er in seiner eigenen Existenz planmäßige Abläufe zu sehen, die mit immer tieferer Klarheit auftauchen, je mehr sein Verständnis des Spieles wächst. Der Grad seiner Loslösung nimmt zu, je mehr er jeden Zustand als vorübergehend, als etwas, durch das man hindurchgeht und das man überschreitet, erkennt. Und sobald einmal die Vergänglichkeit eines Feldes für den Spieler Wirklichkeit wird, kann er es loslassen und sich von diesem Feld lösen, um in Wunder des Seins wieder etwas Neues zu entdecken.

Wie in allen Spielen gibt es auch hier ein Ziel – etwas, das erreicht werden kann. Weil die wesentliche Eigenschaft des Spielers in seiner Fähigkeit, sich zu identifizieren besteht, liegt seine einzige Chance, das Spiel zu «gewinnen», darin, daß er sich mit seiner Quelle, seinem Ursprung identifiziert. Dies ist das Kosmische Bewußtsein, die Essenz des reinen Seins, die keine Grenzen kennt und über Zeit und Raum hinausgeht, unendlich, absolut, ewig, unveränderlich, das All, ohne Attribute, jenseits sowohl der Namen wie der Formen ist. Das Spiel endet, wenn der Spieler sich selbst, das heißt, das Wesen des Spieles wird. Das ist Lila.

Die Heiligen, die dieses Spiel erfanden, benutzten das Spielbrett dazu, den momentanen Zustand ihres eigenen Seins zu erkennen. Indem sie praktisch beobachteten, wie sie sich von einer Ebene zur anderen vorwärtsbewegten, konnten sie feststellen, welche Schlangen sie herunterzogen und welche Pfeile sie hinaufhoben. Die Bewegungen bestimmte ein karmischer Würfel; dabei zeigte der Würfel ihre eigene Entwicklung an, weil er den gegenwärtigen Zustand des Spielers anzeigte. Sie beobachteten bewußt das Muster, in welchem sie sich bewegten, indem sie das Spiel immer wieder spielten und sorgfältig auf ihre eigenen Reaktionen achteten, wenn sie zu einer Schlange oder einem Pfeil gelangten. Indem sie ihr eigenes inneres Selbst beobachteten, konnten sie erkennen, ob sie verstanden hatten, was es bedeutet, unbeteiligt zu sein. Gleichzeitig gewährte das Netz des Spieles ihnen eine tiefere Einsicht in das Prinzip des Göttlichen Wissens, auf dem die Felder des Spiels begründet waren. Es war gleichzeitig ein Studium der Schriften und die Entdeckung des Selbst. Dies ist die Einzigartigkeit von Lila (Dshyan Chaupad) – des Spieles der Selbsterkenntnis.

Einführung

Dieses ursprünglich «Dshyan Chaupad» genannte Spiel (wörtlich Dshyan = Wissen; Chaupad = ein Spiel, das mit Würfeln gespielt wird; daher «Spiel des Wissens») wurde von Sehern und Heiligen als Schlüssel zu innerlichen Zuständen aufgezeichnet und auch, um die Gesetzmäßigkeit des Dharma[1] kennenzulernen – was man gewöhnlich als Hinduismus kennt. Mit seinen Schlangen und Pfeilen und 72 Feldern, die 72 Ebenen darstellen, liefert das Spiel einen Schlüssel zur Weisheit, die in den Veden[2], den Shrutis[3], den Smirtis[4] und den Puranas[5] niedergelegt ist. Wenn man das Spiel spielt, spielt man mit dem offenbarten Göttlichen Wissen, das sich in den Aphorismen und der Lehre des Vedanta[6], Yoga[7] und des Samkhya[8] findet und der Philosophie und Lebenshaltung der hinduistischen Tradition zugrunde liegt. Im Spiel bewegt man sich automatisch durch verschiedene Felder des Spielbretts. Jedes Feld trägt eine Bezeichnung, die sowohl einen inneren Zustand als auch eine Ebene darstellt. Jede Bezeichnung löst eine Reaktion aus und bringt das Bewußtsein des Spielers zur Betrachtung der hinter dem Wort stehenden Idee, und er sinnt darüber nach, solange er sich in jenem Feld befindet. Einige Minuten nach Beginn des Spieles fängt das Spielbrett an, mit dem Bewußtsein und Intellekt des Spielers zu spielen – ebenso mit dem Ego, dem starken Gefühl der Selbstidentifikation, der Seinsweise des Spielers.

Weder der Erfinder noch das Entstehungsdatum des Spieles, das wir jetzt Lila (mit langem i) nennen, sind bekannt. Wie es in der indischen literarischen Tradition üblich ist, wird der Name des Erfinders als unwichtig betrachtet – er selbst ist nur die Feder in der Hand Gottes – und wird deshalb nicht überliefert. Die Einflüsse, die in der Formulierung des Spiels zum Ausdruck kommen, deuten auf ein Alter von mindestens zweitausend Jahren hin.

Das Exemplar, das als Grundlage für diese Übersetzung diente, wurde von einem Hausvater in der Provinz Uttar Pradesh in Nordindien vor etwa 150 Jahren vor dem Untergang bewahrt. Der Autor des vorliegenden Buches ist im Besitz eines anderen, älteren, aber unvollständigen Exemplars des Spielbretts, welches er in Rajastan bei einem Antiquitätenhändler erwarb. Dieses Spielbrett ist viel älter, weil es aber unvollständig ist, wurde es nicht als Grundlage der jetzigen Version der Kommentare verwendet.

Ursprünglich begleitete ein Buch mit Shlokas[9] (Gesängen) das Spielbrett. Bei jedem Würfelwurf stimmte der Spieler den Gesang an, der dem Feld entsprach, auf dem er landete. Der Shloka beschrieb das Wesen und die Bedeutung des Feldes. Unglücklicherweise ist dieses Buch mit den Gesängen verlorengegangen. So wurde es unumgänglich, einen Kommentar zu schreiben, der die Verflechtung philosophischer Betrachtungen deutlich macht, auf welche die Bezeichnungen der Felder hinweisen; ebenso war es angezeigt, das Spiel und das Spielbrett für jene zu erklären, die daran interessiert sind, das Spiel kennenzulernen und zu spielen. Jeder Sanskrit-Begriff hat jedoch eine im Kontext der Tradition, aus der das Spiel stammt, festgelegte Bedeutung. Zusätzlich zu dieser sowie von den Heiligen überlieferten Bedeutungen (die das Spiel spielten, als sie sehr jung waren und in ihren Orden eintraten), zusätzlich auch zur auf dem Spielbrett selbst benutzten Terminologie, ist einiges Wissen in der Familie des Autors überliefert worden. All diese Quellen bilden die Grundlage der folgenden Kommentare.

Die Schöpfer dieses Spieles betrachteten es vor allem als ein Werkzeug, um die Beziehung des individuellen Selbst zum absoluten Selbst zu verstehen. So verstanden, befähigt das Spiel den Spieler, sich von der Illusion zu lösen, daß seine Persönlichkeit starr und festgelegt sei. Er sieht sein Leben als einen Ausdruck des Makrokosmos. Nicht seine Identifikationen, sondern das Spiel der kosmischen Kräfte bestimmt den Fall des Würfels, der seinerseits den Lauf seines Lebensspieles bestimmt. Und nichts Geringeres als die Befreiung des Bewußtseins aus den Schlingen der materiellen Welt und dessen Verschmelzung mit dem Kosmischen Bewußtsein betrachtet er als das Ziel seines Spiels.

Ebenso wie ein Wassertropfen alle Elemente in sich enthält, die den Ozean ausmachen, der sein Ursprung war, genauso ist das menschliche Bewußtsein eine mikrokosmische Erscheinungsform des Universellen Bewußtseins. Alles, was der Mensch je wissen kann, existiert bereits als Potential in ihm selbst. Denn alles, was er wahrnimmt, ist ein Produkt seiner Sinnesorgane.

Ereignisse in der Erscheinungswelt lösen die Tätigkeit eines der fünf Sinnesorgane (Augen, Ohren, Nase, Zunge und Haut) aus. Das betreffende Sinnesorgan bringt einen biochemischen Prozeß in Gang, der das Zentralnervensystem passiert und dann in Form von Veränderungen der elektrischen Tätigkeit in bestimmten Hirnabschnitten in Erscheinung tritt. Dieses Spiel von elektrischer Energie ist eine grobstoffliche Erscheinungsform desjenigen Bewußtseinsaspekts, den man im Englischen «Mind» (Bewußtsein, Geist, Verstand, Gedächtnis) nennt.

Das Bewußtsein liefert dem Intellekt und dem Ego die Sinnesdaten zur Bewertung und zum Handeln. Alle Wünsche entstehen aus diesen Sinneswahrnehmungen. Und Begierde, Wunsch und Sehnsucht machen das Wesen des Spiels aus – der Spieler würde nicht spielen, wenn er nicht den Wunsch hätte, zu spielen. Wünsche sind die Triebfedern des Lebens. Der Mensch lebt, um sich seine Wünsche zu erfüllen.

Wünsche können ihrer Natur gemäß in drei Klassen eingeteilt werden: in physiologische, soziologische und psychologische. Die physiologischen Begierden sind diejenigen, die für das Überleben des physischen Organismus notwendig sind. Essen, Trinken, Lieben und Schlafen sind die hauptsächlichen physiologischen Begierden. Die soziologischen Begierden sind durch den sozialen Kontext gefärbte physiologische Begierden. Ein Mann kann zum Beispiel statt nur eines Hauses fünf Häuser begehren. Da er im Grunde nur eines braucht, ist sein Wunsch, fünf zu haben, ein sozialer Überbau. Sein Verlangen nach Luxusgütern, nach einer besseren gesellschaftlichen Stellung, welche er leicht durch Erbringen von Erfolgen erlangen kann, ist sozial bedingt – und diese Wünsche sind in allen Teilen der Erde verschieden. Alle psychologischen Begierden stammen aus dem Wunsch des Ich, des Ego, nach Identifikation. Der Wunsch nach innerem Wachstum und spirituellen Erfolgen ist ebenfalls ein Produkt des Ego. Wie seltsam, daß man sich gerade über diesen Weg des Ego vollkommen entledigen kann. Der größte Egoismus ist, egolos zu werden.

Physiologische Bedürfnisse werden von allen Gesellschaften anerkannt. Ihrer Befriedigung werden keine Schranken gesetzt. Soziologische Begierden variieren von Gesellschaft zu Gesellschaft. Psychologische Bedürfnisse sind allen Menschen gemeinsam; sie schließen die Komplexe und Erfolge, die Behinderungen und Anerkennungen, die Freuden und Traumas des Menschen ein.

Alle diese Wünsche ergeben sich aus den Sinneswahrnehmungen und unserer Bewußtseinsfähigkeit. Und alle sind biochemische Zustände des Organismus. So wie sie biochemische Zustände hervorrufen können, können sie auch durch die Verwendung von chemischen Stoffen hervorgerufen werden.

Die physiologischen Bedürfnisse werden oft «animalische, tierische Bedürfnisse» genannt, denn sie sind die Begierden, die der Mensch mit allen anderen Tieren gemeinsam hat. Psychologische Bedürfnisse werden oft «höhere Bedürfnisse» genannt, denn sie betreffen das Verhaftetsein des Ich und das Gefühl der Erfüllung, das aus der vollständigen Identifikation mit dem Gegenstand des Wunsches entspringt.

Welchen Ursprungs die Begierden auch immer sind, das Ich strebt unermüdlich danach, sie durch die fünf Handlungsorgane (Hände, Füße, Zunge, Genitalien und Anus) zu befriedigen. Die Handlung erfolgt erst, nachdem die Sinneswahrnehmung, welche ihr Ursprung war, durch die Mechanismen des Bewußtseins und des Intellekts hindurchgegangen ist.

Jede Aktion löst eine Reaktion aus. Die Beschaffenheit der Aktion bestimmt die Beschaffenheit der Reaktion. Die Reaktion äußert sich als eine Veränderung im Bewußtsein. Positive Aktionen befreien, während der Spieler durch negative Aktionen in Verstrickungen gerät. «Wie du gesät hast, so wirst du ernten.» Dieses biblische Wort weist auf das Gesetz des Karma hin.

Jede Handlung, die der Spieler ausführt, ist richtig, solange er realisiert, daß alle Handlungen karmische Keime pflanzen, die vielleicht jahrelang keine Frucht tragen. Die Früchte des Karma treten vielleicht nicht einmal im gegenwärtigen Leben in Erscheinung; sie können untertauchen, um in einer zukünftigen Verkörperung wieder zu erscheinen. Diese Karmas vergangener Leben sind es, die den Lauf der Persönlichkeitsentwicklung eines Individuums bestimmen.

Die eigentliche Aufgabe des Spielers ist es, diese Karmas und ihre Wirkungen auf sein Leben zu erkennen. Aus dieser Erkenntnis kommt das Wissen, das notwendig ist, wenn er seine Bewußtseinsebene heben will. Das ist die Aufgabe des Karma-Yoga[10]. Und die Erscheinungswelt ist die Bühne, auf der Lila (das göttliche Spiel), des Karma aufgeführt wird.

Um die Erscheinungswelt zu verstehen, müssen wir also Wissenschafter des Selbst werden, indem wir die Strukturen unseres eigenen Bewußtseins erforschen: die Ebenen, auf welchen wir unser Leben ständig verkürzen, die Schlangen, denen wir begegnen, und die Pfeile, die wir zu unserem Aufschwung finden. In diesem Punkt dient Lila seinem höchsten Ziel. Denn das Spielfeld des «Einer-wird-viele» ist eine Landkarte des Selbst.

Anmerkungen

[1] Dharma: Das Dharma ist das, was als Naturgesetze allen existierenden Phänomenen zugrunde liegt, das, was das Universum in Gang und zusammenhält. Es ist nicht bloß eine Sammlung von Glaubenssätzen, die in keinerlei Zusammenhang mit dem Leben stehen, sondern vielmehr eine Reihe von Grundsätzen für ein harmonisches und wohltätiges Leben. Es ist eine praktische Doktrin. Die ethymologische Bedeutung von Dharma ist auch «das, was zusammenbindet».

[2] Veden: In den Veden ist das göttliche, vollkommene Wissen enthalten, welches allgegenwärtig ist und die gesamte manifestierte Welt aufrechterhält. Dieses Wissen wird von den Rishis (Heiligen, Sehern, Yogis) in der Versunkenheit, Samadhi, verwirklicht. Dieses Wissen ist in vier heiligen Büchern enthalten:
1 Rig-Veda
2 Yajur-Veda
3 Sama-Veda
4 Atharva-Veda

Jeder Veda ist in drei allgemein anerkannte Teile aufgeteilt, nämlich in die:
1 Samhitas: eine Sammlung von Hymnen oder Mantras.
2 Brahmanas: Diese enthalten Richtlinien zur Festlegung von Mantras und Zeremonien. Es sind Abhandlungen über Rituale, die jedoch durch viele illustrierende Geschichten, philosophische Beobachtungen und profunde Gedanken erläutert wurden.
3 Upanishaden: philosophische Abhandlungen, die auf Deutungen der Rishis gründen, denen dieses Wissen offenbart wurde.

[3] Shrutis: Shrutis sind kosmische Tonfrequenzen, die als den Rishis (Visionären) offenbarte Richas (Beschwörungen) im Kosmos schweben. Sie enthalten das Wissen jener Ordnung, durch die die Energie am Anfang des Universums mit Leben erfüllt wurde; sie werden immer noch durch das Kosmische Bewußtsein ausgesendet und gelenkt. Die Veden sind ein Teil der Shrutis.

[4] Smritis: Diese zeigen die praktische Anwendung göttlichen Wissens auf und die Gesetze, die den Dingen des manifestierten Universums zugrunde liegen. Diese Abhandlungen enthalten Gesetze, welche das Leben göttlich machen. Sie sind zahlreich, vier davon werden jedoch oft von den Gelehrten als die vorrangigsten Smirtis genannt:
1 Manu Smirti
2 Vagya Valka Smirti
3 Shamkhya Smirti
4 Parashara Smirti
Veden sind Shrutis, und alle Bücher, die sich mit dem Gesetz des Dharma befassen, sind Smirtis, aus denen Seher das Grundgerüst der hinduistischen philosophischen Tradition errichtet haben.

[5] Puranas: Nach den Shrutis und Smirtis kommen die Puranas, welche die Philosophie der Veden durch Geschichten (aus der Geschichte) erläutern, und zwar anhand von Lebensgeschichten, in denen die praktische Anwendung des Gesetzes des Dharma zutage tritt. Sie sind allegorischer Natur und stellen die höchste Philosophie in menschlicher Form dar. Dies ist der Grund, weshalb man die Puranas auch den fünften Veda nennt.

[6] Vedanta: Jene philosophische Lehre (auch Uttar Mimamsa genannt), die bis zum heutigen Tag das Denken in Indien beherrscht, sich mit dem Wesen des Selbst befaßt und zwischen dem Wirklichen und Unwirklichen unterscheidet. Vedanta erklärt die Einheit in der Verschiedenheit, das Wissen des Noumenons; es ist die Lehre von der Vorstellung eines individuellen Selbst, das eine vom Kosmischen Bewußtsein getrennte

Realität zu sein scheint, zum Gedanken, daß man Teil des Höchsten Selbst, des Brahman, ist und sich mit ihm vereinen kann; schließlich, daß er schon immer das Kosmische Bewußtsein war und ist, durch Unwissenheit vor sich selbst verschleiert. Vedanta ist die Wissenschaft des Selbst ohne Attribute – und lehrt das «Das bist du».

[7] Yoga: bedeuted wörtlich zusammenführen, verbinden, beifügen, Vereinigung. Er ist eine Wissenschaft inneren Wachstums, die Frieden bringt und die Fähigkeit, das Auf und Ab und die Wandlungen des Geistes zum Schweigen zu bringen, die der Hauptgrund für das Leiden, Elend und den Schmerz sind. Es verleiht die Fähigkeit, sich über den Bereich der Sinne zu erheben in die ständige Ausrichtung auf ein Ziel, in ungeteilte Aufmerksamkeit, fortwährenden Frieden und Erleuchtung hinein. Es gibt vielerlei Schulrichtungen, von denen jede auf ihre Weise Methoden für die allgemeine Entwicklung und das Wachstum des Körpers und der Seele empfiehlt und enthält (Verbindung des solaren und lunaren Prinzips, Kontrolle über das autonome Nervensystem usw.). Er kann grob in folgende drei Zweige unterteilt werden:
1 Karma Yoga: Yoga des selbstlosen Handelns;
2 Jnana Yoga: Yoga der Beschwichtigung des sich ständig wandelnden Geistes durch Negation, Erlangen der höchsten Wahrheit;
3 Bhakti Yoga: Yoga der Andacht, der Liebe und der Hingabe.
Unter den bekannten Schulen des Yoga sind folgende zu nennen:
1 Raja Yoga, der «königliche Yoga», der Yoga des achtfachen Pfades: Yama (i), Niyama (ii), Asana (iii), Pranayama (iv), Pratyahara (v), Dharana (vi), Dhyana (vii), Samadhi (viii).
2 Hatha Yoga, die Yogalehre, die sich durch Körperarbeit mit der Beherrschung der Sinne befaßt. Sie hilft, das Ziel zu erreichen, das im Raja Yoga aufgezeigt wird.
3 Nada Yoga, der sich mit den Klängen aus dem Inneren befaßt.
4 Laya Yoga und kosmischer Klang; auch als Kriya Yoga oder Kundalini Yoga bekannt.

[8] Samkhya: das «aufzählende Wissen», in erster Linie eine Erzählung, *wie* die Welt entstand. Behandelt den Werdegang der manifestierten Welt.

[9] Shloka: ein Sanskritvers oder Gesang.

[10] Karma Yoga: der Yoga des selbstlosen Handelns (Karma bedeutet Handlung). Damit sind alle vom Individuum von Geburt bis zum Tode begangenen Handlungen gemeint. Ein Spieler, der sein Karma in der Verhaftung lebt, setzt Mittel ein, um zu seinen Zielen zu gelangen, und schafft in seiner Selbstsucht Leiden für andere. Ist jemand nicht mit seinen Handlungen verhaftet und führt sie aus, weil sie unumgänglich sind, so lebt er sein Karma mit interesselosem Wohlgefallen und setzt nicht falsche Mittel ein. Karmas, die mit den richtigen Mitteln ausgeführt werden, schaden niemandem und befinden sich im Einklang mit dem Gesetz des Dharma. Dharma liegt in des Spielers eigenem Wesen begründet, wenn er Karmas ausführt, die mit den natürlichen Neigungen seines Geistes übereinstimmen.

Die Bedeutung des Spiels

Wir nehmen die Wahrnehmungswelt durch die Mechanismen des Bewußtseins und des Intellekts auf; die Wahrnehmungen werden von diesen entweder ganz oder teilweise verändert, gefärbt oder zurückgewiesen. Und diese Sinneswahrnehmungen werden durch Organe aufgenommen, welche nicht mehr als den millionsten Teil des ganzen elektromagnetischen Energiespektrums erfassen können.

So ist also diese Welt, die wir in irgendeinem gegebenen Moment «kennen», nur eines von den vielen gleichzeitigen Ereignissen, von denen jedes wegen der unendlichen Zahl von möglichen Strukturen des Bewußtseins und des Intellekts auf unendlich viele verschiedene Arten wahrgenommen werden kann. Die Möglichkeiten übersteigen ganz einfach unser Fassungsvermögen.

Die westliche Wissenschaft hat sich auf das Studium des Sinnenbereichs, der materiellen oder Erscheinungswelt spezialisiert. Ihre Forschungen haben die materielle Wissenschaft zu einem Punkt der Einheit, zu einem Gebäude von Prinzipien geführt, welche im ganzen uns bekannten Kosmos gelten. Diese Prinzipien transzendieren Zeit und Raum – das Licht, das wir aus einigen Milchstraßen empfangen, ist über 100 Millionen Jahre alt und folgt dennoch den gleichen Gesetzen, die für das Licht unserer eigenen Sonne gelten, die nur neun Lichtminuten entfernt ist.

Diese Prinzipien sind ausgedrückt in Formeln wie $e = mc^2$ und $3A^3$ (das gestaltende Prinzip jedes Diamanten im Universum). Aus der Mannigfaltigkeit heraus nähern wir uns der Einheit, die in den Formeln der physikalischen Wissenschaft ausgedrückt ist.

Der westliche Mensch hat eine Periodentafel der Elemente geschaffen – die Essenz seines Verständnisses der materiellen Welt –, welche 103 grundlegende natürliche Anordnungsprinzipien von Materie enthält.

Der östliche Mensch dagegen verfolgte einen anderen Weg. Besonders in Indien war er durch das gemäßigtere Klima und den leichteren Anbau von Nahrungspflanzen nicht gezwungen, seine Kraft dem «Kampf ums Überleben» zu widmen, der die Entwicklung der Naturwissenschaften im Westen motivierte. Der östliche Mensch verehrte die Natur als gütiges Mutterprinzip und entwickelte daher keinen Wunsch, die «Natur zu erobern», was sein eigenes Überleben in Frage stellen würde. Der wissenschaftliche Geist der indischen Weisen und Seher wandte sich nach innen, um die Komplexität des menschlichen Bewußtseins zu erforschen. Das ist es, woher die Wissenschaft des Tantra, des Yoga und der in den Upanishaden dargelegten Vorstellungen rührt.

So wie allgemeine Prinzipien entdeckt wurden, die in der Erscheinungswelt wirken, so wurden auch Prinzipien in der Funktionsweise des menschlichen Bewußtseins entdeckt. Yogis, die das Labyrinth des Selbst erforschten, entdeckten 72 grundlegende Seinszustände. Diese Zustände sind die Spielfelder von Lila – eines Periodensystems des Bewußtseins.

Innerhalb dieser 72 Zustände spielt der Mensch sein karmisches Drama, und das Spiel endet erst, wenn er volles Verständnis des Spiels erlangt – Kosmisches Bewußtsein. Das Spiel kann durch Fallenlassen des Prinzips der Begierde unterbrochen werden, ohne vollständiges Verständnis des Spieles jedoch ist das Spiel nicht wirklich zu Ende: Begierden sind Samen des Karma, und sie können jederzeit keimen, sobald sie geeignete Bedingungen dazu vorfinden. Der Spieler würfelt und läßt die Macht des Karma bestimmen, wo er landet. Er bewegt sich durch die Felder und verschiedenen Ebenen, die Pfeile hinauf und die Schlangen hinunter, bis er fähig ist, sich auf die jedem Feld entsprechende Schwingung einzustellen. Das Auf und Ab muß an Bedeutung verlieren.

Der Würfelwurf stellt die variable Verbindung zwischen dem Symbol des Spielers und seiner Bewegung über das Spielbrett dar. Im Fallen des Würfels wirkt das Prinzip, das als Synchronizität bekannt ist. Synchronizität ist ein Begriff, der vom Psychologen C. G. Jung geprägt wurde, um die Verbindungen zu erklären, welche sich manchmal zwischen zwei verschiedenen, miteinander scheinbar in keiner Beziehung stehenden Ereignissen in der äußeren Erscheinungswelt ergeben. Synchronizität ist die Erfüllung eines Bedürfnisses durch eine Instanz, die außerhalb der bewußten Kontrolle des Individuums liegt. Synchronizität kann man am leichtesten im Kontext der zwischenmenschlichen Beziehungen verstehen. In einer gewissen Weise bedeutet Synchronizität, zur richtigen Zeit am richtigen Ort zu sein. In Wirklichkeit ist Synchronizität ein kontinuierlicher Prozeß.

Es geht in Lila darum, zu verstehen und zu erkennen, wie und wo der Spieler zu einem gegebenen Moment Erfahrungen macht. Die Instanz außerhalb des Bewußtseins ist hier das Karma, welches den Fall des Würfels bestimmt. Lila ist ein Synchronizitätsspiel. Und Synchronizität heißt ganz einfach, daß alle Ereignisse in der Erscheinungswelt zueinander in Beziehung stehen und in ihren Beziehungen verstanden werden können, wenn nur ein geeignetes Verbindungsglied gefunden werden kann. Ein solches Verbindungsglied ist dieses Spiel.

Um die Verbindung zu verstärken, stellt der Spieler einen Gegenstand zur Verfügung, der für ihn eine persönliche Bedeutung hat und der ihn auf dem Spielbrett repräsentieren soll. Das ist sein Symbol, das sich nun dem Würfelwurf entsprechend über das Brett bewegt.

Sehr wichtig ist nun die Bewegung dieses Symbols über das Brett. Um diese Bewegung und das Wesen der Stufen, durch welche der Spieler reist, zu verstehen, ist es nötig, mehr über das Denken zu erfahren, auf dem das Spiel basiert.

Es gibt in diesem Spiel keinen Tod. Es gibt lediglich das Auf und Ab sowie Veränderungen in der Schwingungsebene. Aber es gibt keinen Tod. Der Geist, das individuelle Selbst, welches Lila spielt, stirbt nicht. Das Symbol, welches sich dem Fall des Würfels entsprechend über das Spielbrett bewegt, der Körper ist es, welcher die Form verändert. Das individuelle Selbst ist ein Teil des Herrn, eine beschränkte Manifestation des Kosmischen Bewußtseins, des Höchsten Selbst. Das Göttliche wohnt im Innersten des Menschen und kann nicht ausgelöscht werden. Es besteht eine wesentliche Einheit von Seele und Körper im Menschen, genau wie von Symbol und Spieler. Das Ende tritt erst dann ein, wenn der Spieler Kosmisches Bewußtsein erlangt hat, den ewigen Zustand, den Weg, von dem es kein Zurück mehr gibt. Hier wird der Spieler zur Göttlichen Existenz jenseits aller Erscheinungsformen und Eigenschaften. Das ist Befreiung. Der Tod ist Veränderung der Form, nicht des Geistes. Auf der materiellen Ebene existiert er nicht einmal, weil die Materie ebenfalls weder geschaffen noch zerstört wird, sondern nur ihre Form verändert. Veränderung der Form ist nicht wirklich, es ist eine Übergangsphase in der Welt der Erscheinungen, welche ebenfalls ein Aspekt des Höchsten ist, eine Spiegelung des Höchsten Selbst. Der Kosmische Prozeß ist ein Wechselspiel zwischen den beiden Prinzipien des Seins und Nichtseins.

Wenn wir dieses Spiel als einen Mikrokosmos betrachten, werden wir die vollständige Oktave des Makrokosmos darin finden. Wie in einem lebendigen Organismus bewegt sich die Energie von Ebene zu Ebene, von der Empfängnis zur Geburt, von der Kindheit zur Adoleszenz, der Jugend zum Alter... Während dieser Zeitspanne von Jahren operiert der Spieler aus sieben psychischen Energiezentren (Chakras) heraus, die im Körper entlang der Achse der Wirbelsäule lokalisiert sind. Und so wie sich seine Energie hinauf und hinunter von Zentrum zu Zentrum bewegt, so verändert sich auch sichtbar sein grobstoffliches Verhalten.

Das menschliche Leben ist ein Zyklus von Oktaven: in sieben Tagen setzt sich die Empfängnis fest, d. h., dann wird die Grundlage für den Chemiehaushalt gelegt; in sieben Monaten erfolgt die vollständige Bildung des Körpers im Mutterleib. Dann folgen die sieben großen Zyklen von je sieben Jahren – der Länge eines vollständigen Mondzyklus –, und der Mensch bewegt sich parallel zu den sieben Zyklen durch jedes der psychischen Zentren. In Lila bildet jeder dieser sieben Zyklen eine horizontale Reihe. Dem ersten Zentrum entspricht die erste Reihe, dem zweiten die zweite Reihe, dem dritten die dritte Reihe usw.

Im ersten Zyklus, bis zum siebten Jahr, ist der Spieler vor allem er selbst – er ist selbstbezogen.

Im zweiten Zyklus (vom siebten bis zum vierzehnten Jahr) entstehen Beziehungen zu einer Gruppe von Freunden, und der Spieler lebt im Reich der Fantasie. In diesem Alter setzt überdies die Anziehung zum anderen Geschlecht ein sowie die Entwicklung des ästhetischen Gefühls und das Interesse an der Kunst.

Im dritten Zyklus (vom vierzehnten bis zum einundzwanzigsten Altersjahr) sucht er nach seiner Identitiät, strebt nach Macht und schließt sich einer Gruppe oder Ideologie an.

Im vierten Zyklus (vom einundzwanzigsten bis zum achtundzwanzigsten Jahr) beginnt er, ein Gefühl für Verantwortung zu entwickeln, Verständnis für andere aufzubringen und ihre Eigenschaften zu schätzen.

Im fünften Zyklus (vom achtundzwanzigsten bis zum fünfunddreißigsten Jahr) beginnt er, aus eigener Erfahrung heraus andere Menschen zu unterweisen; er übernimmt die Rolle eines Lehrers, sehr oft, indem er elterliche Verantwortung übernimmt.

Im sechsten Zyklus (vom fünfunddreißigsten bis zum zweiundvierzigsten Lebensjahr) wird er zum Beobachter seiner eigenen Energiestrukturen und geht im Lichte der Erfahrung durch seine vergangenen Karmas.

Im siebten Zyklus (von zweiundvierzig bis neunundvierzig) ist er im allgemeinen zur Ruhe gekommen und lebt sein Leben im Bestreben, die Wahrheit zu finden und mit ihr eins zu werden.

Das ist der normale Verlauf der menschlichen Entwicklung, aber der karmische Würfel führt den Spieler oft in den Rachen so vieler Schlangen des Verhaftetseins, daß viele Menschen ihr ganzes Leben in den niedrigen Ebenen verbringen. Für andere scheinen dagegen alle Schlangen zu verschwinden, während auf magische Weise Pfeile erscheinen, um sie in vier oder fünf Zügen zu ihrem Ziel aufsteigen zu lassen.

Die sieben Ebenen, durch welche der Spieler aufsteigen muß, bevor er die achte Ebene – die Ebene jenseits aller Ebenen – erreicht, sind die sieben Chakras. Normalerweise würde sich die Energie so durch diese Zentren bewegen, daß sie sich synchron zu den Schwingungsrhythmen des Spielers bewegt. In jeder Spanne von vierundzwanzig Stunden fließt die Lebensenergie durch alle sieben Chakras. Bei Sonnenaufgang befindet sie sich im dritten Chakra, nach Sonnenuntergang gelangt sie zum siebten. So wird die Energie durch die solaren, lunaren und Gravitationskräfte beeinflußt. Da aber nur wenige von uns ein reines und natürliches Leben führen können, bilden sich komplexe Blöcke in den Energiebahnen. Sie kann nicht richtig und regelmäßig durch den Körper fließen und bewirkt so eine Kluft zwischen dem geistigen und dem jahresmäßigen Alter.

Jedes Chakra weist besondere Charakteristika auf, welche es dem Spieler ermöglichen, festzustellen, welcher Ebene seine Schwingungen in einem bestimmten Moment angehören.

Das erste Chakra liegt an der Basis der Wirbelsäule, in der Mitte zwischen Anus und Genitalien. Individuen, die sich auf dieser Schwingungsebene befinden, sind unsicher und vor allem mit dem physischen Überleben beschäftigt. Der Geruchssinn dominiert. Das Element des ersten Chakra ist die Erde – die gröbste Manifestation der Realität –, und die Farbe des Erdelements ist gelb. Das Hauptproblem dieses Chakras ist das gewalttätige Verhalten, welches aus tiefer Unsicherheit entstehen kann. Dieselbe Unsicherheit kann aber auch als motivierende Kraft für die Entwicklung einer materiellen Technologie ein positiver Faktor sein. Erst-Chakra-Menschen schlafen im allgemeinen zehn bis zwölf Stunden pro Nacht auf dem Bauch.

Das erste Chakra erscheint als die Physische Ebene im fünften Feld in der ersten Reihe des Spiels. Es ist auch die Ebene der Schöpfung (Genesis), von Maya (Illusion der Erscheinungswelt), Zorn, Gier, Wahn, Einbildung, Geiz und Sinnlichkeit.

Wenn man in das Spiel eintritt, muß man durch diese neun Felder hindurch. Es gibt hier keine Pfeile, die einen aus dem ersten Chakra herausholen, denn die Aspekte des ersten Chakras sind grundlegend für die menschliche Existenz. Wenn man nicht in gesellschaftlichen Werturteilen befangen ist, weiß man, daß alle diese Dinge für das menschliche Leben wichtig sind. Aber wenn wir an die Welt und ihre Werturteile gebunden sind, werden wir sagen: «Aber Zorn ist etwas Schlechtes. Gier ist sehr schlecht. Eitelkeit ist sehr schlecht. Alle diese Dinge sind sehr schlecht.» Sie führen zu Disharmonie und einem schlechten Chemiehaushalt im Körper, erhöhen die Selbstsucht, zerstören den inneren Frieden usw. Unser Freund Shakespeare aber erinnert uns: Es gibt nichts Gutes oder Schlechtes, nur das Denken macht es dazu. Betrachten wir die Sache aber von einem tieferen Standpunkt und vom Blickwinkel des Überlebens aus (auf welches das Erst-Chakra-Bewußtsein gerichtet ist), werden wir sehen, daß ohne Verhaftetsein, ohne Gier, ohne die Sehnsucht, etwas zu finden, was mehr ist, das Leben stagnieren würde. Ohne Zorn, ohne Eitelkeit wäre der Spaß am Theaterstück (Lila) verloren. Diese verschiedenen Stimmungen und Temperamente liefern also die Farbe, den grundlegenden Impuls zur individuellen Entwicklung.

Sie werden als schlecht betrachtet, weil sie mit dem niederen, tierischen Selbst zusammenhängen. Aber wir müssen begreifen, daß sie für das Wachstum und die Entwicklung unseres rational-menschlichen und Göttlichen Selbst verantwortlich sind.

Indem er das erste Chakra meistert, erlangt der Yogi Freiheit von Krankheit. Indem er grundlegende Stolpersteine überwindet, öffnet er sich dem Wissen, und er muß sich nicht mehr so stark behaupten. Er lernt, sich von niederen Begierden und Verhaftungen zu lösen. In tantrischen Schriften liest man, daß er, wenn er es wünscht, unsichtbar werden kann.

Im zweiten Chakra ist der Spieler in den Wahrnehmungen seiner Sinnesorgane gefangen. Es liegt im Bereich der Geschlechtsorgane, und Geschmack ist hier die dominante Sinnesempfindung. Wasser ist sein Element, und es wird durch leuchtendes Weiß oder Hellblau gekennzeichnet. Die Hauptprobleme sind der Verfall und die Unordnung, die sich aus dem Energieverlust ergeben, welcher aus den Ausschweifungen im Sinnesbereich und in der Fantasie resultiert. Aber diese Sinnlichkeit ist wiederum die treibende Kraft hinter allen schöpferischen Künsten. Ein Mensch, dessen Schwingungen dem zweiten Chakra entsprechen, schläft acht bis zehn Stunden pro Nacht in der Fötalstellung.

Das zweite Chakra enthält zwei Pfeile, Reinigung und Erbarmen, und zwei Schlangen, Eifersucht und Neid. Es ist die Astralebene der Fantasie und die Ebene der Freude. Hier finden wir die Nichtigkeit, aber auch die Unterhaltung – das Wesen des Geistes.

Im dritten Chakra ist das dominante Charakteristikum die Anerkennung des Ego und die Suche nach Unsterblichkeit für das verkörperte Wesen. Als Fötus wird man in der Gebärmutter ernährt, und aus diesem Zentrum wird die Entwicklung aufrechterhalten. Hier liegt der wichtige Knotenpunkt der rechten und linken Bahn des sympathischen Nervensystems mit der Wirbelsäule; es liegt an der Wurzel des Nabels im Lendengeflecht, mit dem die Nerven des sympathischen Nervensystems verbunden sind, die Schlaf und Durst erzeugen. Die Sicht ist seine vorherrschende Wahrnehmungsweise. Sein Element ist Feuer, und die Farbe des Feuerelements ist Rot.

Das Hauptproblem dieses Chakras ist die Ausübung von Macht, der Wunsch, den Willen des Ego anderen aufzuzwingen. Das positive Attribut ist das Organisationstalent, das aus dem selbstlosen Gebrauch von Macht entsteht. Ein Mensch, der sich auf dieser Schwingungsebene befindet, schläft in der Regel sechs bis acht Stunden pro Nacht auf dem Rücken.

Das dritte Chakra ist die himmlische Ebene, die drei Pfeile enthält: selbstloses Dienen, Dharma und Wohltätigkeit. Hier befindet sich auch eine Schlange: schlechte Gesellschaft. Es ist die Ebene des Kummers, der Guten Gesellschaft, der Buße und des Karma. Durch die Beherrschung des dritten Chakras ist man fähig, Kummer und Krankheit zu überwinden und Wissen über die verschiedenen Lokas (Welten) zu erlangen. Man entwickelt Heilungskräfte. Es ist ein Chakra der Stabilität, der Machtanhäufung, der Vollendung, der Beherrschung, der Kontrolle und der weltlichen Erfolge, die nötig sind, um das Ego zu verankern.

Im vierten Chakra gewahrt der Spieler seine Karmas und die Verhaltensmuster seines Lebens. Seine Schwingung kommt aus dem Herzen, dem Sitz des himmlischen Baumes der Wunscherfüllung. Das Herz ist der Sitz des bewußten Prinzips – des Lebens und des Prana. Dieses Chakra ist die Mitte der sieben Chakras: drei liegen darüber, drei darunter. So wird das Herzchakra gleichzeitig von höheren und niederen Kräften beeinflußt.

Das Hauptproblem des Spielers in diesem Chakra ist eine Tendenz zur Labilität – er verbringt zu viel Zeit damit, das in Ordnung zu bringen, was war. Luft ist hier das Element, ein rauchiges Grau die Farbe. Die Wahrnehmungsweise ist die Berührung. Glaube, Bhakti, ist die motivierende Kraft im Leben des Menschen, der sich auf dieser Schwingungsebene befindet. Er schläft auf seiner linken Seite, fünf bis sechs Stunden pro Nacht.

Es ist die Ebene des Gleichgewichts, und geeignete Religion ist der Pfeil, welcher den Spieler von hier aus höher trägt. Die Schlange ist hier die Irreligiosität, die den Spieler in den Wahn zurückträgt. Dies ist die Ebene von Heiligkeit, Wohlgeruch und Geschmack sowie des Fegefeuers, der Guten Tendenzen und der Klarheit des Bewußtseins.

Durch die Beherrschung des vierten Chakras wird der Yogi wie Jupiter, der Herr der Sprache. Er hat seine Sinne vollkommen unter Kontrolle. Er ist den Frauen lieber als alle Liebsten. Sein Leben ist erfüllt, und Poesie fließt in seiner Rede wie ein Strom klaren Wassers – ohne Unterbruch. In den Schriften heißt es, daß er fähig ist, sich in einen anderen Körper zu versetzen. Nur schon seine Anwesenheit ist beseelend, und er hat keine Feinde. Er erlangt die Macht, unsichtbar, nicht wahrnehmbar zu werden und kann auch levitieren. Er kann die Dinge sowohl des sichtbaren als auch unsichtbaren Universums sehen und besitzt die Fähigkeit, durch Ausübung seiner Willenskraft an jeden Ort der Erde zu reisen. Er gewinnt die Herrschaft über die Zeit.

Im fünften Chakra hat der Spieler das Mitgefühl verwirklicht. Er will den anderen mitteilen, wie er es geschafft hat, die Karmas, mit denen er konfrontiert wurde, aufzulösen. In der Kehle gelegen, dort, wo das Nachhirn in das Rückenmark übergeht, ist es das Chakra von Jnana, das Chakra des Wissens. Der Spieler wird zu einem Wissenden, einem Jnani. Ohne herkömmliche Unterweisung und Studium erlangt er Kenntnis aller Schriften (Shastras). Er ist beständig, sanft, standfest, bescheiden, mutig – und frei von Krankheit und Kummer. Er ist gegenüber jedermann barmherzig; er hat keine Erwartungen. Das Hauptproblem ist das Autoritärsein: «Das ist der einzige Weg.»

Dieser über die Sinne hinausgehende Bereich ist das Zentrum von Akasha (Äther). Die Farbe des Elements ist Blaßlila. Der Spieler, der sich auf dieser Schwingungsebene befindet, meditiert über den Laut «So-Ham» (So = das; Aham = Ich bin), «Das bin ich» – den Laut, den sein Atem beim Einatmen und Ausatmen macht (So = Laut des Einatmens; Ham = Laut des Ausatmens). Er ist ganz von der Logik und seiner leichten Auffassungsgabe gefangen. Sein Intellekt befreit sich von den Unreinheiten weltlichen Trachtens, und er kann Vergangenheit, Gegenwart und Zukunft in sich selbst erkennen. Meditiert er über seinen Rachen, so befähigt ihn das, Hunger und Durst zu überwinden und Festigkeit zu erlangen. Er schläft vier bis fünf Stunden pro Nacht, abwechselnd links und rechts.

Dies ist die menschliche Ebene; Rechtes Wissen und Jnana sind hier die Pfeile, die den Spieler aufsteigen lassen. Unwissenheit ist hier die Schlange. Es ist die Ebene des positiven, negativen und neutralen Lebensatems (Prana, Apana und Vyana). Hier wird der Spieler als Mensch geboren (als Verkörperung des höheren Bewußtseins, im Gegensatz zur Tiernatur); er erwirbt sich das Verständnis der Energie, Agnih (Feuer).

Jemand, der die Herrschaft über das fünfte Chakra erlangt hat, kann sich willentlich verjüngen. In seiner Anwesenheit wird man offen für die Weisheit des Selbst, wodurch man die Geheimnisse der Natur verstehen kann und die Anwesenheit Göttlichen Wissens in jeder existierenden Erscheinung erkennt.

Im sechsten Chakra ist das vorherrschende Interesse Tapasya, die ernste Aufgabe, das Bewußtsein immer höher zu heben. Dies ist das Zentrum, aus dem die Bewegungen gelenkt werden (Ajna). Der Spieler, der sich auf dieser Schwingungsebene befindet, ist frei von Problemen. Er ist jenseits davon, irgendeine Möglichkeit als Problem zu sehen und ist im dritten Auge, in der Zirbeldrüse zentriert. Er meditiert über den Laut «Om» und den Laut des Atems – den er jetzt als «Ham-Sa» hört (Ham = Ich bin; Sa = Das) «Ich bin das». Es gibt einen Unterschied zwischen So-Ham und Ham-Sa. Im So-Ham befindet sich der Yogi in der Dualität – er bezieht sich auf ihn, das Höchste Bewußtsein, und sagt und fühlt: Das (Höchste Bewußtsein) bin ich (das individuelle Bewußtsein). Im sechsten Chakra löst sich die Dualität auf, und ungeteilte

Einheit breitet sich in seinem Bewußtsein aus. Er ist nicht mehr Individuum, sondern erkennt, daß er das Höchste Bewußtsein ist. Er weilt in jener Einheit und meditiert über sein wahres Wesen. Er ist nun jenseits des Bereiches der Elemente angelangt. Er schläft vier Stunden oder mehr, wobei er die Seite wechselt.

Das Gewissen ist hier der Pfeil und Gewalt die Schlange. Es ist die Ebene der Strenge, auf der wir das Wirken des solaren, lunaren und neutralen Flusses verstehen. Pingala und Ida, die Träger des solaren und lunaren Flusses, steigen hier mit dem Atem aus dem Muladhara Chakra bis zum rechten und linken Nasenloch auf. Als Träger des neutralen Flusses und der Kundalini steigt Sushumna in das Sahasrara auf. Von dieser Ebene aus kann Spirituelle Hingabe, Bhakti, den Spieler direkt zum Kosmischen Bewußtsein tragen, was in diesem Spiel der einzige direkte Weg zur Befreiung ist, jenseits sowohl der Erde, dem Ort der Zuflucht, als auch der Flüssigen Ebene, der Ebene der Veränderlichkeit.

Der Spieler, der Meister über dieses Chakra wird, erlangt bedeutende psychische Kräfte, und alle Karmas, die er in seinen verschiedenen vergangenen Leben geschaffen hat, werden getilgt.

Im siebenten Chakra steht der Spieler jenseits aller Freuden und Leiden. Er wohnt im tausendblättrigen Lotus in seinem Scheitel. In den Schriften wird erwähnt, daß einer, der sich hier im siebenten Chakra niederläßt, zum Meister über die acht Siddhis wird: über 1) Anima, die Macht des Werdens, 2) Mahima, die Macht der Ausdehnung, 3) Garima, die Macht der Schwere, 4) Laghima, die Macht, leicht zu werden, 5) Prapti, die Macht, alles und überall zu erreichen, 6) Prakamya, die Macht, alle Wünsche zu erfüllen, 7) Ishatva, die Macht zu erschaffen und 8) Vashitva, die Macht, allem zu befehlen. Diese Mächte oder Siddhis machen ihn zum Siddha-Purusha, einem wirklichen Meister, der willentlich alles erschaffen kann. Er wird nicht träge oder untätig, sondern ist vom Licht des Höchsten Bewußtseins und der Wonne erfüllt.

Aber hier kann er vom Egoismus übermannt werden und wieder ganz hinunter ins erste Chakra fallen; die Siddhis können sich als Fesseln erweisen. Ebenso kann Trägheit, Tamas, ihn ins Feld der Illusion hinunterziehen. Auf dieser Ebene – der Ebene der Realität – befinden sich der Positive und der Negative Intellekt – wobei der letztere eine Schlange ist, die die Energie zum zweiten Chakra hinunterzieht. Dies ist auch die Ebene der Glückseligkeit, die Gasförmige Ebene, die Ebene der Strahlung und die Ebene der Urschwingung.

Die achte horizontale Reihe befindet sich jenseits der Chakras. Sie ist Sitz des Kosmischen Bewußtseins, die Ebene des Absoluten. Jedes der neun Felder ist eine Göttliche Kraft: die Ebene der Erscheinungen, innerer Raum, Wonne, die Kosmische Güte. Es gibt drei Phasen der Kosmischen Energie, die sich durch die Schöpfung manifestieren: eine dynamisch-positive, eine träge-negative und eine Gleichgewichtsphase – Rajoguna, Tamoguna und Satoguna. Tamoguna ist für die Entwicklung verantwortlich, so wie es Satoguna für die Auflösung oder Befreiung ist. Wenn das Kosmische Bewußtsein nicht erreicht wird, muß der Spieler wieder auf die Erde niedersteigen, um sich im Lila wiederzufinden, bis er dadurch, daß er im Kosmischen Bewußtsein ankommt, Befreiung erlangt. Tamoguna bringt einen auf die Erde zurück, wo man den Weg vom sechsten Chakra aus wieder aufnehmen muß.

Lila ist das Wesen des Höchsten Bewußtseins, es ist seine spielerische Natur. Die Welt der Erscheinungen ist manifestiertes Lila. Das Spiel hat keinen Anfang – und kein Ende. Lila ist das große Abenteuer und die große Entdeckung. Wieder und wieder und wieder und wieder – ohne jeglichen Verlust, ohne jeglichen Vedienst wird dieses Spiel ohne Ende gespielt. Diejenigen, die das *Spiel* im Spiel erkennen, lassen sich durch das Spielbrett nicht gefangennehmen und kennen es als Lila, das Kosmische Spiel des Lila-Dhar, des Kosmischen Bewußtseins. Mit denjenigen aber, die sich mit den Feldern und Ebenen des Spielbrettes identifizieren, mit denen spielt das Spielbrett; und das Spielbrett wird zur Maya, der großen, verschleiernden Macht, die den Geist fesselt. Aus Maya entsteht die Welt der Erscheinungen. Lila läßt sie zum großen Abenteuer werden. Tamas führt den Spieler zu Maya – und grenzenlose Liebe und Spirituelle Hingabe zum Kosmischen

Bewußtsein. Spirituelle Hingabe ist die große Entdeckung auf dem Spielbrett von Lila, vom Maya des Höchsten Bewußtseins geschaffen, um sich zu erfreuen – um ein Versteckspiel mit sich selbst zu spielen. In Lila gibt es kein Ziel und keine Verantwortung. Um mit Maharishi Raman zu sprechen:

Der Gedanke von Ziel und Verantwortung ist ausschließlich sozialer Natur; er wird vom Geist geschaffen, um das Ego aufzumuntern. Gott steht über jedem Gedanken dieser Art. Wenn Gott in allem ist und es niemanden außer ihm gibt, wer ist dann für wen verantwortlich?

Die Schöpfung ist der Ausdruck von Gesetzen, die der Quelle der Schöpfung innewohnen.

Dieses allem innewohnende Gesetz ist die spielerische Natur des Göttlichen, und das ist wiederum Lila.

Die Zahlen

Die indische Tradition schreibt den neun Grundzahlen eins bis neun eine große Bedeutung zu. Jede Zahl entspricht einer Gruppe von grundlegenden Eigenschaften, welche wichtige Schlüssel für das Verständnis des Wirkens der feinen Lebensenergie in der grobstofflichen Manifestation enthalten. Das ist die Lehre, die durch den Griechen Pythagoras, der die arabische Version der indischen Numerologie studiert hatte, in den Westen gebracht wurde.

In der Tat sind die Zahlen nicht nur etwas, womit man zählt, sondern in ihnen sind die unzähligen Ideenkräfte enthalten, die durch das menschliche Bewußtsein und die Welt der Erscheinungen wirksam werden. Sie helfen dem Geist, sich eine bestimmte Vorstellung von der Erscheinungswelt zu machen. In dieser Schöpfung ohne Anfang gibt es weder ein erstes oder letztes, weil alles *eine* Zahl ist. Die eigentlichen Zahlen sind nur die manifestierten Formen, die mit dem Beginn der Evolution erscheinen und mit der Auflösung der Welt der Erscheinungen verschwinden oder mit ihrer Quelle verschmelzen. Alles, was existiert, ist einer Zahl entsprechend angeordnet, ein jedes ein Teil (Ank) des Ganzen (Brahman, Höchstes Bewußtsein), der sich selbst manifestiert. Das Ganze ist grenzenlos, zahllos, ohne Zahl, Null, Shunya – Nichtsein –, der Beginn von Lila, dem kosmischen Spiel.

Am Anfang ist die Trennung des Seins vom Nichtsein. Der Laut, Nada, entsteht als erstes daraus. Der Laut hat zwei Aspekte: Klang und Takt. Der Klang stellt die Energie in ihrer ursprünglichen Form als Wirbel dar. Takt ist ein Muster von Schwingungen, die man als lineare Form erfährt. Der Klang erschafft den Raum, und der Takt erschafft die Zeit. Jeder Ton hat eine bestimmte Wellenlänge, und jede Wellenlänge existiert in der Zeit. Das Maß einer Wellenlänge ist die Zeit, die die Welle braucht, um von ihrem Anfang bis zu ihrem Ende zu gelangen.

Platon sah Zahlen als die «Essenz der Harmonie» an, und Harmonie als die Grundlage sowohl des Kosmos als auch des Menschen. Balzac nannte die Zahlen «unverständliche Mittler».

Er vertrat die Ansicht, die Unterschiede zwischen verschiedenen Lebensformen seien Verschiedenheiten ihrer Qualität, Quantität, Dimensionen, Kräfte, Eigenschaften und ihres Wesens. Diese Verschiedenheiten lägen nicht in ihrer Essenz, sondern in ihrem stofflichen Inhalt, welcher verschiedenen Mustern gemäß angeordnet sei. Nimmt man diese Muster genau unter die Lupe, so unterscheiden sie sich nur in den Zahlen. Der Unterschied zwischen einem Atom Kupfer und einem Atom Gold liegt nur in der Anzahl der Atomteilchen, die das eine und das andere enthält.

72	71	70	69	68	67	66	65	64
55	56	57	58	59	60	61	61	63
54	53	52	51	50	49	48	47	46
37	38	39	40	41	42	43	44	45
36	35	34	33	32	31	30	29	28
19	20	21	22	23	24	25	26	27
18	17	16	15	14	13	12	11	10
1	2	3	4	5	6	7	8	9

Die Anordnung des Spielbretts von Lila stellt eine vollständige Einführung ins Studium der Zahl dar. Das Brett ist numerologisch ausgewogen, es ist ein «perfektes Rechteck». Es enthält von unten nach oben acht waagrechte Reihen. Acht ist die Zahl des Manifesten Universums (Prakriti), das sich aus den fünf Elementen (Äther, Luft, Feuer, Erde und Wasser – die fünf Mahabhutas) und aus den drei Kräften (Bewußtsein, Intellekt und Ego – Manas, Buddhi, Ahamkar) zusammensetzt. Die Zahl der senkrechten Reihen von links nach rechts ist neun, die Zahl des Absoluten (acht Elemente aus dem stofflichen Universum plus das Eine). Neun vollendet die Reihe der Grundzahlen und ist daher die Zahl der Vollendung. Es sind also 72 Felder, die das Feld des Kosmischen Spiels ausmachen, wobei die Quersumme davon wiederum neun (7 + 2 = 9) ergibt.

In der schlangenhaften Spielbewegung beginnt der Start jeder waagrechten Reihe mit einer Zahl, die auf eins reduziert werden kann, und endet mit einer Zahl, die neun ergibt. Die zweite waagrechte Reihe beginnt zum Beispiel mit 10 (oder 1) und endet mit 18 (oder 9). Dazu enthält jede waagrechte Reihe 9 Zahlen, die, wenn sie addiert werden, die Zahl 9 ergeben. Die erste Reihe ergibt 45 (4 + 5 = 9), die zweite 126 (1 + 2 + 6 = 9), die dritte 207 (2 + 0 + 7 = 9).

Jede senkrechte Reihe enthält zwei Grundzahlen, außer der mittleren, die nur eine enthält (5). Die erste Reihe besteht aus: 18 (1 + 8 = 9), 19 (1 + 9 = 10 = 1), 36 (9), 37 (1), 54 (9), 55 (1) und 72 (9). Die zweite senkrechte Reihe ergibt jeweils die Zahlen 2 und 8, die dritte 3 und 7, die vierte 4 und 6 und die fünfte – die einzige Ausnahme – nur die Zahl 5. Von hier an kehrt sich die Reihe um: es folgen die Zahlen 6 und 4, 7 und 3 usw. So besteht jede senkrechte Reihe, außer der mittleren, aus zwei grundlegenden ganzen Zahlen, die, wenn sie addiert werden, 1 ergeben. Die mittlere Reihe, die Reihe des Gleichgewichts, enthält lauter 5er. Und zweimal 5 ergibt 10 oder 1. Außerdem ist die Summe jeder senkrechten Reihe 292, wobei die Quersumme die Zahl 4 ergibt (2 + 9 + 2 = 13 = 1 + 3 = 4), die Zahl rationaler Organisation, faßbarer Errungenschaften, des Tetramorphs, des formlosen Quadrates.

Spielregeln

Um Lila zu spielen, braucht man:
1 das Spielbrett
2 einen Würfel
3 die Kommentare dieses Buches
4 einen Ring oder einen anderen Gegenstand, der dem Spieler gehört und klein genug ist, um in die Felder zu passen – er dient als Symbol für den Spieler während des Spiels.

Die Regeln sind einfach. Jeder Spieler setzt sein Symbol in das Feld des Kosmischen Bewußtseins, Nr. 68. Die Spieler würfeln der Reihe nach und reichen den Würfel immer dem Spieler zur Rechten weiter (das entspricht der natürlichen Bewegungsrichtung aufwärts fließender Energie).

Der erste Spieler, der eine Sechs würfelt, rückt, von der Genesis aus gezählt, auf das Feld 6, Wahn. Der Spieler muß ungeboren im Kosmischen Bewußtsein warten, bis er eine Sechs würfelt. Jedesmal, wenn er zu irgendeinem Zeitpunkt des Spiels eine Sechs würfelt, kann der Spieler noch einmal würfeln. Eine Ausnahme macht der Fall, daß der Spieler, der dreimal hintereinander eine Sechs gewürfelt hat (und somit achtzehn Felder vorgerückt ist) und dann eine andere Zahl würfelt, an den Ort, wo er startete, bevor er die Sechser würfelte, zurückkehren muß und dann so weit vorrückt, wie es der vierte Wurf erlaubt. Wenn beispielsweise ein Spieler bei Spielbeginn, als seine erste Sechs ihn ins Spiel brachte, dreimal eine Sechs würfelt, dann kehrt er zur Genesis zurück (Feld 1) und rückt um die Zahl vor, die der vierte Wurf anzeigt. Wenn er aber vier oder mehr Sechser würfelt, dann darf er weiterwürfeln, bis eine andere Zahl als sechs kommt, und schließlich um die Zahl von Feldern vorrücken, die er im Ganzen gewürfelt hat und den Würfel weitergeben.

Wenn das Symbol des Spielers an der Basis eines Pfeiles landet, fährt er mit seinem Symbol entlang dem Schaft des Pfeiles aufwärts bis zur Spitze. Wenn er auf dem Kopf einer Schlange landet, verschlingt sie ihn und setzt ihn an der Spitze ihres Schwanzes ab. Auf diese Weise führt Egoismus zu Zorn und Spirituelle Hingabe zu Kosmischem Bewußtsein. So wirft der Spieler den Würfel, bewegt sich auf dem Brett vorwärts und rückwärts, auf und ab und ist dabei stets bestrebt, von niedrigen zu höheren Zahlen vorzurücken.

Zum achtundsechzigsten Feld zurückzukehren ist das Ziel des Spieles. Falls der Spieler die achte Ebene zwar erreichen sollte, aber am Kosmischen Bewußtsein vorbei ins neunundsechzigste, siebzigste oder einundsiebzigste Feld kommt, muß er warten, bis er entweder die genaue Zahl würfelt, die er braucht, um in Tamoguna, dem zweiundsiebzigsten Feld zu landen, oder eine niedrigere Zahl, die es ihm erlaubt, um eines oder zwei Felder vorzurücken. Von Rajoguna, dem einundsiebzigsten Feld aus, bringt ihn der Wurf einer Eins auf die Erde und zurück ins Spiel. Das Spiel endet erst, wenn der Spieler genau auf dem achtundsechzigsten Feld landet, entweder durch den Pfeil der Spirituellen Hingabe oder durch normales Vorrücken (wie zum Beispiel vom Feld Nr. 66 durch den Wurf einer Zwei).

Im Laufe des Spieles wird der Spieler gewöhnlich feststellen, daß ein charakteristisches Muster sich herausschält, indem er jeweils zu denselben Pfeilen und Schlangen gelangt.

Das Spiel wird seine vollste Bedeutung bekommen, wenn der Spieler die Kommentare, in denen die Bedeutungen jedes Feldes, jedes Pfeiles und jeder Schlange erklärt werden, liest und versteht.

Gelangt der Spieler auf Feld 69, die Ebene des Absoluten, so kann er das Kosmische Bewußtsein, Feld 68, nicht erreichen. In diesem Fall muß er Feld 72 erreichen, wo Tamoguna ihn zurück zur Erde tragen kann, wonach er das Kosmische Bewußtsein durch ein langsames Vorrücken oder dadurch erreichen kann, daß er eine Drei würfelt und zur Spirituellen Hingabe gelangt – mit dem Pfeil, der ihn direkt ins Kosmische Bewußtsein trägt. Befindet er sich auf Feld 69, so benötigt er eine Drei; auf Feld 70 braucht er eine Zwei; auf Feld 71 eine Eins: alle anderen Zahlen, die er mit dem karmischen Würfel würfelt, sind nutzlos, da er ebensowenig Gebrauch davon machen kann, wie wenn er auf Feld 67 eine Sechs würfelt. Hat er dort eine Eins, so bringt sie ihn zum Feld 68, den Ort, wo das Spiel endet – das Spiel geht jedoch weiter, wenn er eine Zwei, Drei, Vier oder Fünf würfelt.

Um den größten Nutzen aus diesem Spiel zu ziehen, sollte der Spieler aufschreiben, welchen Weg sein Symbol geht, das sich dem Würfel entsprechend auf dem Spielbrett fortbewegt. In einer Reihe solcher Aufzeichnungen würde er sicher Züge entdecken, die allen gemeinsam sind: freundliche Schlangen und hilfreiche Pfeile. Das würde ihn dazu bewegen, die Beziehung zwischen äußeren und inneren Mustern nachzugehen. Die Heiligen haben diese Methode angewendet, um ihre inneren Muster aufzudecken: dies macht aus Lila das Spiel der Selbsterkenntnis – «Dshyan Chaupad».

Die Kommentare

Einleitung

Die folgenden Kommentare sind Beschreibungen von jedem der 72 Felder des Spiels. Es ist zu empfehlen, daß der Leser die Kommentare sorgfältig durchliest, bevor er zu spielen beginnt. Er kann sie dann nach jedem Würfelwurf wieder zu Rate ziehen, um sich mit dem Feld, auf dem er gelandet ist, wieder vertraut zu machen. Wie jedes Werkzeug, so hat auch dieser Kommentar seinen Dienst getan, sobald der Spieler mit dem Spiel eins geworden ist. Diese Kommentare sind im wesentlichen erweiterte Definitionen der Sanskritbegriffe, die auf dem bereits erwähnten, alten Spielbrett verwendet wurden. Die Bedeutungen sind der traditionellen Literatur entnommen.

Über viele der Felder könnten ganze Bände geschrieben werden – das ist in der indischen Literatur auch geschehen. Manche Ideen werden hier zum ersten Mal in einer europäischen Sprache zum Ausdruck gebracht, so daß der Leser auf die relativ wenigen Übersetzungen der Veden, Smirtis oder Puranas als Quellen für ein eingehenderes Studium hingewiesen sei. So skizzenhaft das vorliegende Buch auch ist, so hoffen wir doch, daß es dem Leser eine allgemeinverständliche Einführung in das indische Denksystem geben kann.

Im Anschluß an die Beschreibung der ersten neun Felder folgen jeweils kurze Bemerkungen über die numerologische Bedeutung der neun Grundordnungszahlen. Die indische Numerologie allein wäre ein ganzes Buch wert, und leider sind im Westen keine Werke erhältlich, welche diese faszinierende Wissenschaft in einer angemessenen Weise untersuchen.

Die Kommentare vermitteln einen Einblick in ein Gedankensystem, das älter ist als irgendein im Westen bekanntes. Dieses System ergänzt die Befunde der westlichen Wissenschaft eher, als daß es mit ihnen konkurrieren würde. Die wahre Kunst, die im modernen Denken angestrebt werden müßte, wäre, die beiden Systeme harmonisch ineinander übergehen zu lassen, ohne daß sie etwas von ihrem eigenen Wert verlieren würden – ganz gleich wie fremd dies unserer gewohnten Art, die Welt wahrzunehmen, erschiene.

Jedes Kapitel ist mit dem auf dem Spielbrett verwendeten Begriff übertitelt. Meistens ist noch der Sanskritausdruck angegeben, und manchmal wurde in Ermangelung eines gleichwertigen deutschen Ausdrucks sogar nur der Sanskritausdruck als Titel verwendet.

Erste Reihe
Die Grundlagen der Existenz

1 Genesis
Janma

Die Geburt ist der Einstieg in das karmische Spiel. Der Würfel ist der karmische Spieler, und das individuelle Selbst ist ein Symbol, das sich von Feld zu Feld bewegt, wie immer der Würfel dies bestimmt. Vor der Geburt befindet man sich jenseits des Spieles. Sobald die Geburt aber einmal stattgefunden hat, steht man unter dem Gesetz des Karma. Diese Welt ist Karma-Land.

Das Verlangen führt den Spieler dazu, die Bindung an das Karma zu akzeptieren. Wer kein Verlangen hat zu spielen, wird sich zum Spiel nicht hingezogen fühlen. Aber es liegt in der Natur des Bewußtseins, zu spielen. Am Anfang war kein Spiel. Aber die spielerische Natur des Bewußtseins konnte nicht bewegungslos verharren, ohne zu spielen. So hieß es: «Es werde Licht». Es werde Spiel. Das Absolute wurde Vieles aus Einem, um das Spiel zu spielen.

Wer sich dazu entscheidet, in das Spiel einzutreten, wiederholt die ursprüngliche Schöpfung, als sich das Absolute aus der Bewegungslosigkeit löste und das makrokosmische Spiel begann, in welchem wir alle nur Mikrokosmen sind. Ist die Entscheidung zu spielen einmal gefallen, muß der Spieler sich an die Regeln (Dharma) und an die Verbindlichkeit des karmischen Würfels halten.

Wenn man zum erstenmal eine Sechs gewürfelt hat, tritt man in das Spiel ein. («Genesis» ist nur die Geburtspforte; auf dem ersten Feld kann man deshalb nicht landen wie auf allen übrigen Feldern. Siehe auch Kapitel ‹Die Spielregeln›. Anmerkung des Übersetzers.) Durch die Vereinigung der fünf feinen Elemente (Äther, Luft, Feuer, Wasser und Erde) mit dem Einen Bewußtsein entsteht (durch diese sechs zusammen) die Bewegung des Symbols des Spielers über das Spielbrett. Jede Geburt ist die Eröffnung eines neuen Spiels, und das Ziel, das man erreichen will, ist in jedem Spiel das gleiche – Kosmisches Bewußtsein. Es gibt keine andere Leitlinie, kein anderes Ziel, keinen anderen Zweck, es geht nur darum, den Zyklus zu vollenden. Die Geburt ist der Schlüssel. Sie öffnet die Tore des Spiels, und der Spieler beginnt, sich auf eine Schwingung einzustellen, während er zu seiner ewigen Reise, der Reise zur Vollendung, aufbricht.

Eins ist die Einheit, die für alles Manifestierte verantwortlich ist. Sie gehört wie alle ungeraden Zahlen zur Sonnenfamilie. Eins bedeutet im besonderen die Sonne – als die Einheit, die für die Geburt unseres Planeten verantwortlich ist.

Eins steht für die unabhängige Persönlichkeit, die unabhängige Entscheidung, das unabhängige Leben, die Suche nach etwas Neuem; für Neuheit und Originalität.

2 Maya
Illusion

Sobald der Eine seinen Eintritt in das Spiel als Spieler geschehen läßt, geht das Bewußtsein von der Einheit in der Besessenheit und Faszination des Spiels verloren. In diesem Sichverlieren und in dieser Hingabe des Bewußtseins besteht der Spaß des Spiels. Der Eine wird Viele, um ein Kosmisches Versteckspiel mit sich selbst zu spielen. Um sein Ego zur Erfüllung zu bringen, entwirft der Spieler seine Spiele und verpflichtet sich, sie bis zum Ende durchzuspielen, entsprechend den Regeln, die er selbst in das Spiel eingebaut hat.

Der Eine ist Realität. Vielheit ist Illusion. Diese Illusion der Vielheit wird durch die verschleiernde Kraft des Einen (des Höchsten Bewußtseins) geschaffen. Diese verschleiernde Kraft nennt man Maya Shakti oder Maya. Sie schafft die Illusion von *ich* und *mein*, von *du* und *dein*, was im individuellen Bewußtsein zu Unwissenheit führt. Jene, die diese Unwissenheit erkennen, nennen sie Avidya (a = nicht; vidya = Wissen: daher Unwissenheit oder Abwesenheit von Wissen). So kommt es, daß die Yogis Maya auch Avidya nennen. Diese Unwissenheit gelangt durch den Geist ins individuelle Bewußtsein: Das ist der Grund, weshalb Yoga ein praktischer Weg ist, den Verwandlungen des Geistes Einhalt zu gebieten; das Ziel des Yoga ist, den Geist zur Ruhe, den inneren Dialog zum Schweigen zu bringen, jenseits des Geistes zu gelangen und das eigene wahre Wesen zu erkennen, jenseits der Illusion von *ich* und *mein*.

Die Welt der Erscheinungen und der Namen ist die Welt von Maya. Maya dient als Bühne und Bühnenbild für die mikrokosmische Tragikomödie des Spielers. Maya ist das Spiel selbst, das dem Spieler Situationen und Verhaltensmuster zur Verfügung stellt, die ihm subtile Hinweise für das Begreifen seines eigenen wahren Wesens anbieten.

Diese Illusion ist auf jeder Ebene sichtbar. Selbst der menschliche Körper ist keine Lebenseinheit, sondern setzt sich aus unzähligen Zellen und Mizellen zusammen. Wenn jede Zelle beginnt, ein Gefühl von *ich* und *mein* zu entwickeln, wird jeder menschliche Körper zu einem Subkontinent. Es ist das individuelle Ego (Ahamkara), welches getrennte Lebenseinheiten schafft – aber das ist eine Illusion, Maya, an sich. Das Ego kann nicht ohne Geist bestehen, genausowenig, wie der Geist ohne Empfindungsorgane existieren kann. So kann das Gefühl für *ich* und *mein* erst dann vollkommen überwunden werden, wenn der Geist stillgelegt worden ist. Durch Yoga allein kann dieser Zustand herbeigeführt und dem illusionären Gefühl, eine unabhängige Einheit zu sein, ein Ende gemacht werden. Nach der Erkenntnis der Wahrheit durch eine direkte Erfahrung der Wirklichkeit im Samadhi kann Maya Shakti verstanden und das menschliche Psychodrama als göttliches Spiel, als Lila, betrachtet werden.

Maya Shakti ist die Kraft, welche die Welt der Erscheinungen hervorbringt. Dies wird durch ein Wechselspiel der drei Gunas – Sattva, Rajas und Tamas – möglich.

Das Kosmische Bewußtsein wird durch das eigene Maya zum individuellen Bewußtsein. In der hinduistischen Literatur wurde Maya in vielen Zusammenhängen beschrieben, und doch ist es unmöglich, alles zu erklären, was ihm innewohnt – es ist so unendlich wie das Kosmische Bewußtsein selbst.

Die einzige Aufgabe, mit der der Spieler konfrontiert ist, besteht darin, zu realisieren, daß er ein *Spieler* ist und daß das Gefühl von Trennung, das er hat, eine Illusion ist. Alles, was der Spieler von der Erscheinungswelt wahrnimmt, existiert in ihm selbst in Form von Empfindungseindrücken und ist illusionär. Die moderne Wissenschaft, die das Wesen der Wahrheit zu erforschen sucht, bestätigt dies. Sowohl die moderne Wissenschaft als auch die Weisheit der Alten nehmen eine einzige Ursubstanz an, auf die die verschiedenen Formen der Materie sich zurückführen lassen. Jede Erscheinungsform ist nur eine der vielen Äußerungsformen der gleichen, allen zugrundeliegenden Einheit. Die Elemente sind verschiedenartige Formen dieser einen Substanz. Die Mannigfaltigkeit unserer Erfahrungen ist auf die Veränderung und verschiedenen Verbindungen der Atome der Materie zurückzuführen, durch welche die Urenergie Form annimmt. Diese Verschiedenheit in der Einheit ist eine Illusion, die die verschleiernde Kraft des Höchsten Bewußtseins bewirkt. Alles, was der Spieler in der Welt der Erscheinungen wahrnimmt, existiert in ihm selbst. Man wird auf die Welt gebracht, um das Spiel zu spielen, um die subtilen Prinzipien, die im Grobstofflichen wirken, zu erkennen. Im Spiel geht es darum, die Einheit zu erlangen, der Dualität ein Ende zu setzen.

Die Zahl Zwei bedeutet Dualität, welche eine Illusion ist. Zwei entsteht, wenn sich Eins wiederholt. Zwei ist Maya, weil beide schon in dem Einen vorhanden waren. Die Zwei sind die innere und die äußere Welt; das nicht Manifestierte und das Manifestierte, das Männliche und Weibliche, die Prinzipien von Shiva und Shakti, Sonne und Mond, grob und fein, das Absolute und Maya, Noumenon und Phänomenon. Zwei ist daher die Zahl von Maya. Zwei ist eine gerade Zahl und wie alle geraden Zahlen ein Mitglied der Mondfamilie. Die Zahl Zwei bezieht sich im besonderen auf den Mond und die lunare Energie.

3 Zorn
Krodh

Das Verständnis des Wesens des Ego ist nötig, um Zorn zu verstehen. Das Ego ist das, was sich als *ich* und *mein* identifiziert. Der Mensch ist ein Wesen, das durch einen Prozeß aufeinanderfolgender Identifikationen wächst. Nach der Geburt identifiziert sich das Kind als ein eigenständiges Wesen, wenn es die Trennung von seiner Mutter zu fühlen beginnt. Als nächstes beginnt das Kind, sich mit den anderen Mitgliedern der Familie zu identifizieren und nimmt ihre Verhaltensmuster und Denkformen als seine eigenen an. Dann beginnt es, sich an Personen des gleichen Geschlechts anzuschließen. Später sucht es seine Identität in Personen des anderen Geschlechts. Die Reise nimmt ein Ende, wenn das Ego sich mit dem Absoluten identifiziert und mit dem Kosmischen Bewußtsein eins wird.

Im Identifikationsprozeß arbeitet das Ego mit dem Intellekt zusammen. Der Intellekt speichert die Informationen, die im Identifikationsprozeß gewonnen wurden, im besonderen die Werturteile der Menschen, mit denen er sich am stärksten identifiziert. Das wirkliche Selbst im Inneren weiß, daß alle Realitäten in ihm selbst enthalten sind. Trotzdem schließt das sich identifizierende Ich jene Aspekte aus, die von den Menschen, mit denen es sich identifiziert, als schlecht beurteilt werden.

Zorn ist die emotional-chemische Reaktion, welche erzeugt wird, wenn das Ego mit einem Aspekt des Selbst konfrontiert wird, welchen es als schlecht beurteilt und zurückgewiesen hat. Das Vorhandensein dieses negativen Aspekts wird als Bedrohung für die Existenz erfahren. Tatsächlich steht die Existenz der momentanen Selbstidentifikation einer echten Bedrohung gegenüber. Das Ego projiziert dann den Aspekt des Selbst, den es zurückweist, auf einen anderen, durch welchen er manifestiert wird, und richtet seine Energie darauf, den unerwünschten Aspekt zu beseitigen. Das ist die Natur des Zorns.

Zorn ist eine Manifestation von Vielheit, von Schwäche. Er ist der Schwanz der Schlange Egoismus. Er ist eine Abwärtsprojektion von Energie, die den Spieler ins erste Chakra hinunterbringt. Wenn das Ego verletzt wird, empfindet man Zorn. Zorn ist Unsicherheit – das Grundproblem im ersten Chakra.

Zorn ist ein großes Hindernis auf dem Weg des spirituellen Wachstums. Er erzeugt Feuer und Hitze und verbrennt alles. Wann immer aber dieser Zorn sich ohne ein persönliches Gefühl ausdrückt und unpersönlich bleibt, reinigt er. Zorn ist eine Eigenschaft von Rudra, dem Herrn der Zerstörung. Sein Zorn gründet nicht auf persönlichen Beweggründen, und somit zerstört es nicht ihn, sondern das Schlechte, welches Disharmonie bewirkt und das Gleichgewicht stört. Aus persönlichen Gründen entstandener Zorn zehrt an den gütigen Eigenschaften und vermindert die Energie. Zorn, der durch unpersönliche Gründe hervorgerufen wird, zerstört seine eigene Ursache, nämlich das Schlechte. Zorn ist die andere Seite der Liebe. Wir können nicht zornig sein auf Menschen, mit denen wir uns nicht identifizieren. Zorn peitscht das Nervensystem auf und setzt den Verstand außer Kraft. In einer gewissen Weise reinigt er den Körper; er gleicht einer Reinigung durch das Feuer, wobei er jedoch den Menschen zu weit hinunterzieht und dieser von neuem in der ersten Reihe des Spiels beginnen muß.

Zorn kann sich auf zwei Arten ausdrücken: erstens durch Gewalt, zweitens durch Gewaltlosigkeit. Wird Gewaltlosigkeit als Ausdrucksmittel des Zorns eingesetzt, so entsteht eine große moralische Stärke, die zu Satyagrah führt (satya = Wahrheit; Agrah = Ausdauer). Das ist nur möglich, wenn der Spieler ruhig bleibt und wenn er tatsächlich Zorn verspürt. Dieser Zorn ist unpersönlich. Er richtet sich gegen das Schlechte. Er gründet auf Liebe: Liebe zum Guten, Liebe zur Wahrheit. Dieser Zorn fördert das spirituelle Wachstum, da er göttlich ist.

Drei ist die Zahl der Kreativität, des Ausdrucks und der Stabilität. Als Mitglied der Sonnenfamilie ist die Drei dynamisch, positiv und erzeugt eine Formstruktur. Sie steht für das Feuerelement, das sich in menschlichen Wesen oft als Zorn manifestiert. Auf der positiven Seite kann dasselbe Element zum Eifer werden. So sind Macht und Entschlossenheit ebenfalls Charakteristika der Drei. Drei ist die Zahl des Planeten Jupiter. Jupiter symbolisiert Kühnheit, Mut, Macht, Kraft, Arbeit, Energie und Wissen, Weisheit und Spiritualität.

4 Gier
Lobh

Das Gefühl des Getrenntseins, der Abgeschiedenheit, der Isolation, das mit dem Geborensein entstanden ist, erzeugt eine Sehnsucht nach Erfüllung. Um in der Welt bestehen zu können, muß der Spieler zunächst die Befriedigung seiner physischen Bedürfnisse gewährleisten. Damit er im Spiel mithalten kann, benötigt er Nahrung, Kleidung und einen Ort, um sich auszuruhen. Materielles Überleben ist die Hauptsorge im ersten Chakra.

Gier entsteht, wenn der Spieler sein Gefühl der Unerfülltheit mit dem Bedürfnis des materiellen Überlebens verwechselt. Obwohl er sich die Grundlagen der Existenz geschaffen hat, fühlt er sich immer noch leer. Er hat nur gelernt, seine physische Existenz aufrechtzuerhalten. So benützt er diese Grundfähigkeiten des Überlebens, um mehr und mehr materiellen Besitz zu erwerben, in der Hoffnung, dadurch Erfüllung zu finden.

Je mehr er erwirbt, um so stärker wird sein Zwang. Sein Gefühl der Leere steigert sich zur Panik, und seine Handlungen werden in steigendem Maße verzweifelt. Die Legende von König Midas und seiner «vergoldenden» Berührung ist eine klassische westliche Geschichte über die Folgen der Gier. Diese Sehnsucht nach materiellem Erfolg ist auch die grundlegende Ursache aller militärischen Eroberungszüge.

Gier entsteht aus Unsicherheit und Unsicherheit aus einer verfehlten Identifikation des Selbst. Wenn ein Spieler nicht an Gott glaubt, glaubt er nicht an Vorsehung. Gier ist der Schwanz der Schlange der Eifersucht. Gier macht den Spieler kurzsichtig. Er erkennt nicht, daß Gier letzten Endes sinnlos ist. Am Ende werden alle materiellen Besitztümer zurückgelassen, entweder freiwillig oder durch das Dazwischentreten des Todes. Gier kann sich jedoch als wertvoll für das spirituelle Wachstum erweisen, wenn man gierig wird nach spiritueller Erfahrung, nach Wissen und Liebe.

Ein Spieler, der der Gier verfällt, öffnet auch der Illusion, dem Zorn und allen anderen Verhaltensweisen des ersten Chakras die Tore.

Vier wird durch ein Quadrat dargestellt, einem Symbol für die vier Dimensionen, die vier Himmelsrichtungen. Ebenso ist es Symbol für das Element Erde. Als gerade Zahl strebt die Vier nach Vollendung. Der Drang zur Vollendung wird zur Gier, wenn er auf der materiellen Ebene ins Extrem getrieben wird. Die Zahl Vier wird in der östlichen Zahlenkunde von Rahu beherrscht, dem nördlichen Mondknoten, den man auch unter der Bezeichnung Drachenkopf kennt. In der westlichen Zahlenkunde ist Uranus der Herrscher der Vier. Im Okkultismus wird sie immer als 4-1 geschrieben und als solche auch als zur Sonne gehörig betrachtet.

5 Physische Ebene Bhu-Loka

Ein Teil der nicht manifestierten Wirklichkeit verwandelt sich in die Welt der Namen und der Formen. Die Welt der Namen und der Formen existiert in sieben verschiedenen Lokas oder Ebenen in aufsteigender Folge.

Diese Lokas zeigen den Entwicklungsstand des Bewußtseins des Menschen an. Indem er sich entwickelt, bewegt er sich fort und erlebt Veränderungen seiner Natur. Durch diese Ebenen kann das Bewußtsein sein wahres Wesen verwirklichen.

Ein jedes dieser Lokas, jede Ebene, ist ein bestimmter Bereich, der durch die Art der Materie, aus der sie besteht, gekennzeichnet ist (siehe Feld 32, Gleichgewicht). Die Lokas bilden das Rückgrat des Spielbretts. Sie befinden sich in einer bestimmten Abfolge in der mittleren senkrechten Reihe. Wie im Makrokosmos, so im Mikrokosmos. Die Lokas liegen im Körper entlang der Wirbelsäule, bei den Chakras, den psychischen Zentren. Mit der Entwicklung der Seele von Ebene zu Ebene geht die Entwicklung im «Menschen» selbst einher.

Die Physische Ebene liegt an der Basis der Wirbelsäule, dem Sitz des ersten Chakras im Körper – was in der Welt der Erscheinungen der Erde entspricht. Die Sanskritbezeichnung Bhu-Loka erklärt es: Bhu bedeutet Erde, Loka bedeutet Ebene. Die Erde besteht aus fünf Elementen, die in fester, flüssiger und gasförmiger Form auftreten – als strahlende, ätherische und jenseits des Äthers liegende Materie; das sind die verschiedenen Lebensstadien der Atome der Materie, ob sie nun Form angenommen haben oder nicht. Das Element Erde überwiegt dabei unter allen Bedingungen und Umständen in ihnen allen, und sie nehmen langsam und schrittweise als Erde Gestalt an.

Andere auf dem Spielbrett auftretende Ebenen sind jeweils in einer bestimmten horizontalen Spielreihe zu finden und sind den sieben Lokas zuzuordnen. Die Lokas, die außer den sieben am «Rückgrat» des Spieles befindlichen auch noch existieren, sind besondere Bereiche innerhalb der sieben – wie etwa Städte in Provinzen liegen, dieselben wiederum in einem Land und diese Länder wiederum in verschiedenen Kontinenten.

Die Physische Ebene umfaßt Genesis, Maya, Zorn, Gier, Wahn, Einbildung, Habsucht und die Sinnlichkeit – sie hat eine rechte und linke Seite, positive und negative Aspekte.

Wenn der Spieler sich auf die Physische Ebene begibt, wird er im niederen Selbst gefangen. Das ist nur eine Phase des Spiels: niemand bleibt die ganze Zeit am selben Ort. Jeder Würfelwurf ist die Erschließung einer neuen Welt.

Während man sich auf der Physischen Ebene befindet, ist man in erster Linie an materiellen Errungenschaften interessiert. Geld, Haus, Fahrzeug, Essen und physische Kraft sind die allgemeinen Themen. Erholung findet man in körperlichem Einsatz, im Sport, wo es um Wettbewerb und körperliche Berührung geht. Allzuoft kann aber das Vergnügen Gewalttätigkeit einschließen. Die Hauptleistungen liegen im Handwerklichen.

Die Physische Ebene hat eine Beziehung zur Erde, zur Materie und zur Mutter. Sie ist das Reservoir der Energie, der Wohnsitz von Kundalini – der psychischen Energie, die der Yogi durch die sieben Chakras aufsteigen zu lassen bemüht ist. Ohne Verwirklichung der Physischen Ebene ist eine Verwirklichung aller anderen Ebenen unmöglich. Von dieser Ebene hier führen keine Pfeile hinauf. Alle Spieler müssen durch sie hindurchgehen, bevor sie die anderen Dimensionen erreichen können. Sechs Schlangen führen von anderen Ebenen hierher, was zeigt, wie grundlegend wichtig es ist, die Natur der gröbsten Ebene der Manifestation zu verwirklichen.

Die Zahl der feinen Elemente ist fünf – Äther, Luft, Feuer, Wasser und Erde. Es gibt auch fünf Handlungsorgane, die der Mensch zur Erzeugung von Karmas gebraucht – Hände, Füße, Mund, Genitalien und Anus. Ferner entsprechen den fünf Empfindungen fünf Sinnesorgane – die Ohren für den Klang, die Haut für die Berührung, die Augen für das Form- und Farbsehen, die Zunge für den Geschmack und die Nase für den Geruch. Fünf ist die Zahl des Gleichgewichts – eine Eins mit je einer Zwei auf jeder Seite. Der die Fünf beherrschende Planet ist Merkur. Merkur ist sanft, ein hochfliegender Denker, Gelehrter und liebt Unterhaltung; er wird auch mit dem Handel und körperlicher Bequemlichkeit in Verbindung gebracht.

6 Wahn
Moha

Moha bedeutet Verhaftetsein. Dieses Verhaftetsein ist die wahre Ursache des Gefangenseins, welches den Spieler immer wieder durch eine Reihe von Geburten und Wiedergeburten in die Welt der Erscheinungen versetzt. In den heiligen Schriften werden vier Verblendungen genannt, die im individuellen Bewußtsein ein Herabfließen der Energie bewirken; sie sind Hindernisse für das spirituelle Wachstum. Diese vier sind:
1 Kama: Begierden, Sinnlichkeit
2 Krodh: Zorn, Aggression, Gewalt
3 Lobh: Gier, Unzufriedenheit
4 Moha: Verhaftetsein, Wahn.

Während Illusion, Maya, die Welt der Erscheinungen selbst ist, ist Wahn das Verhaftetsein an die Erscheinungswelt als der einzig möglichen Manifestation der Wirklichkeit. Wahn verschleiert den Geist und macht ihn unfähig, die Wahrheit aufzunehmen. Wahn ist das Produkt von Irreligiosität – Religion hier nicht im Sinne von Regeln des Verhaltens und der Moral (Ethik), sondern als ein Leben in Harmonie mit den Gesetzen des Universums gemeint.

«Alles was man tun muß, ist Dharma folgen», rät ein altes Sprichwort. Dharma ist das Wesen, die Essenz des phänomenalen Seins, des Lebens, wie es uns erscheint. Wenn der Spieler dem Gesetz seiner eigenen Natur – welches jenseits aller Illusion und allen Wahns steht – nicht folgt, verstrickt man sich in den Wahn. Man braucht nur zu verstehen, daß diese Existenz ein Spiel ist. Mit dieser Einsicht verschwindet der Wahn, ein selbstgelenkter, selbstbestimmter Spieler zu sein. Und mit dem Verschwinden des Wahns verschwindet auch das schlechte Karma.

Wahn ist das erste Feld, auf dem der Spieler landet, nachdem er die Sechs gewürfelt hat, die er braucht, um in das Spiel einzutreten. Indem er ins Spiel eintritt, akzeptiert der Spieler die zeitweilige Bindung an den materiellen Bereich. Nachdem der Spieler geboren ist, ist er dazu konditioniert, die besonderen Umstände von Zeit und Raum als verbindlich zu akzeptieren. Die Realität des Moments wird als die Realität aller Momente wahrgenommen. Wandlung ist unvorstellbar. Der Spieler ist dem Wahn zum Opfer gefallen.

Egal, ob er durch Geburt hierher kommt oder der Schlange der Irreligiosität (d. h. dem Gebrauch schlechter Mittel, eigennütziger Maßnahmen) zum Opfer fällt, der Spieler muß unvermeidlich durch den Wahn hindurchgehen. Sobald er aber sein Dharma sieht und erkennt, daß Wandlung nicht nur möglich, sondern notwendig ist, ist er dazu bereit, weiterzugehen. Aber solange er seine eigene Art, die Welt wahrzunehmen, als in sich geschlossen und vollständig ansieht, ist er dazu bestimmt, immer wieder hierher zurückzukehren.

Wegen ihrer Kombination von zwei ungeraden und zwei geraden Zahlen (zwei Dreien und drei Zweien oder fünf Kombinationen von Paaren) ist die Sechs eine perfekt ausgewogene Zahl. Sie hat mit Erfindungsgabe, Kreativität und den Künsten zu tun, ist ein Mitglied der Mondfamilie und hat eine Beziehung zum Planeten Venus. Venus ist der leuchtendste und strahlendste aller Planeten und mit bloßem Auge als Morgen- oder Abendstern sichtbar. In der hinduistischen Mythologie ist Venus die Lehrerin der Dämonen. Jene, die im Wahn leben, lieben die sinnlichen Freuden, verbrauchen ihre Energie in der Erfüllung ihrer Begierden, fallen Zorn und Habsucht zum Opfer, handeln gegen das Gesetz des Dharma, sind irreligiös und selbstsüchtig.

7 Einbildung
Mada

Einbildung ist Selbsttäuschung, falscher Stolz, baut Luftschlösser. Das Wort Mada bedeutet Selbsttrunkenheit. Falsche Eitelkeit, Stolz, Macht oder Besitz, Leistungen oder Erfolge haben den Spieler trunken gemacht. Wenn er irgendeinem Wahn über sich selbst erliegt, wird er von Einbildung heimgesucht. Schlechte Gesellschaft, die Folge von Wahn und Gier, ist die Schlange, welche den Spieler hinunter zur Einbildung führt. In diesem Feld ist man in seinem eigenen Spiel restlos gefangen. Die schlechte Gesellschaft, in der man verkehrt, ist eine Manifestation von schlechten Wünschen.

Jeder spielt sein eigenes Spiel, würfelt seinen eigenen Würfel. Wenn der Würfel einmal gefallen ist, hat man keine Wahl mehr. Ein Spieler ohne Wünsche sucht sich keine Gesellschaft. Aber da Verlangen in der Natur des Spieles liegt, ist an irgendeinem Punkt der Entwicklung des Spielers das Suchen nach Gesellschaft unvermeidlich. Der Spieler braucht eine Gruppe, um neue Identifikationen zu verstärken.

Gefährlich wird es, wenn der Spieler von seinen Wünschen überwältigt wird. Sein Verhaltensmuster verändert sich radikal. Das Richtige erscheint nicht länger richtig, und das Falsche nicht unbedingt unangebracht. Sein Verlangen muß um jeden Preis gestillt werden. So schafft er schlechte Karmas und bewegt sich in schlechter Gesellschaft, die aus Menschen besteht, die ihn in seinen Übeltaten unterstützen. Gemäß dem Sprichwort, daß einer an der Gesellschaft, in der er verkehrt, erkannt wird, kann der Spieler damit aufhören, schlechte Karmas zu schaffen, indem er sich bessere Gesellschaft sucht.

Die Sieben gehört als ein Mitglied der Sonnenfamilie zu Saturn und dem Prinzip der Dunkelheit. Es gibt sieben Töne in der Tonleiter, sieben Wochentage und sieben Chakras. Die Zahl Sieben, die aus einer Eins und einer ungeraden Zahl (der Zahl Drei) auf jeder Seite besteht, ist die Zahl der Anpassungsschwierigkeiten. Sieben ist von Natur aus einsam und strebt nach Vervollkommnung. Sieben wird mit Ketu, dem südlichen Mondknoten oder Drachenschwanz, in Verbindung gebracht. In der modernen Zahlenkunde Indiens wird die Sieben von Varuna beherrscht, jener Gottheit, die dem Wasser vorsteht und im Westen dem Planeten Neptun verwandt ist. Sieben ist die Zahl der Schriftsteller und Maler, die, wenn sie nicht höher entwickelt sind, in falschem Stolz leben und dafür bekannt sind, daß sie Luftschlösser bauen und sich immer Sorgen um die Zukunft machen. Sie gehen ungern in ausgetretenen Pfaden und haben sonderbare religiöse Ansichten. Sie schaffen eine eigene Religion und vergeuden ihr Leben mit Vergnügungen.

8 Habsucht
Matsar oder Matsarya

Einbildung führt den Spieler dazu, anderen Spielern gegenüber Neid zu empfinden. Er ist so besessen vom Wahn, eine für sich bestehende Realität zu sein, daß kein Mittel, sein Verlangen zu stillen, ihm ungerechtfertigt erscheint. Überhaupt, denkt der eingebildete Spieler, bin ich so viel besser als die anderen, daß all das, was sie haben, auch mir zusteht. So ist in diesem Spiel die Habsucht verbunden mit der Schlange des Neids – denn es ist der durch die Einbildung entstandene Neid, der zur Habsucht führt.

Im Zustand der Habsucht hat der Spieler eine aktive Abneigung anderen Spielern gegenüber. Er ist zu gut für sie, und was sie haben, ist auch zu gut für sie. Daraus schließt er, daß das, was sie haben, eigentlich ihm gehören sollte. Er ist von Groll erfüllt, und es gelüstet ihn nach den Besitztümern seiner Freunde. Das unterscheidet sich von der Gier, bei der nur das Materielle gesehen wird. Habsucht ist Gier verbunden mit Neid. Wenn er noch habsüchtiger wird, wird sein Verlangen nach Reichtümern größer, und alle die anderen Probleme des ersten Chakras beginnen ihn zu plagen.

Acht ist eine Zahl, welche abnimmt, wenn sie multipliziert wird: $8 \times 1 = 8$, $8 \times 2 = 16\,(7)$, $8 \times 3 = 24\,(6)$, $8 \times 4 = 32\,(5)$, $8 \times 5 = 40\,(4)$, $8 \times 6 = 48\,(3)$, $8 \times 7 = 56\,(2)$, $8 \times 8 = 64\,(1)$. Wenn acht neun realisiert – $8 \times 9 = 72$ –, wird es zu neun und kehrt im nächsten Zyklus zu seinem ursprünglichen Zustand zurück: $8 \times 10 = 80\,(8)$. Dieses Phänomen entspricht der zyklischen Natur aller Realität und dem Prozeß der menschlichen Existenz. Das Feinstoffliche nimmt ab, während das Grobstoffliche zunimmt, bis das Herz des Grobstofflichen völlig durchdrungen ist und wieder feinstofflich wird. So nimmt jede Zunahme ab, jede Abnahme zu. Nichts geht je verloren. Nur die Natur der Manifestation ändert sich.

Zu den Zahlen der Mondfamilie gehörend, repräsentiert die Acht die Oktave, die acht Dimensionen, die achtfältige Maya (drei Gunas und fünf subtile Elemente). Acht ist der nördliche Mondknoten und entspricht dem Planeten Saturn. Dieser ist ein komplexer Planet, der schwer zu verstehen ist. Er führt zu manchen Auf und Ab sowie schrecklichen Kämpfen. Er ist ein «luftiger» Planet und wird mit der Dunkelheit in Verbindung gebracht; man stellt ihn gerne als stillen Denker dar oder als Diener; er ist introspektiv und grundsätzlich materialistisch gesinnt. Menschen, die unter der Zahl Acht geboren werden, häufen als Hobby Reichtümer an und verfallen gerne Süchten und Lastern. Sie sind jedoch weise und erfahren und verfügen über eine besondere Gabe der Menschenkenntnis.

9 Sinnlichkeit
Kama-Loka

Das ist das neunte Feld der ersten Reihe des Spieles. Neun ist eine vollkommene Zahl, eine ungerade Zahl und zeigt die Vollendung der ersten Reihe an. Sie ist eine Leiter, die zur zweiten Bewußtseinsebene führt, die mit Reinigung beginnt. Nachdem man die Geburt in das Spiel zugelassen hat, muß man durch die Ebene der Sinnlichkeit hindurch, bevor man zur zweiten Ebene aufsteigen kann.

Kama bedeutet Verlangen, Verlangen jeglicher Art, nach einem Namen, nach Ruhm, Reichtum, Erfolg, nach einer Familie, Stellung, nach Leistung. Jede Art des Verlangens, des Ehrgeizes, edlen oder nicht edlen Trachtens ist Kama. Und Kama ist die erste Stufe der Evolution. Ohne Verlangen gäbe es keine Schöpfung.

Kama-Loka ist die Ebene des Verlangens. Aber da alles Verlangen seinen Ursprung in der sinnlichen Natur des Menschen hat, wird sie die Ebene der Sinnlichkeit genannt.

Diese Ebene steht in direkter Verbindung mit der Unwissenheit, dem Mangel an Wissen. Man gelangt durch den Rachen der Schlange der Unwissenheit oder durch die stufenweise Erforschung des ersten Chakras hierher.

Neun, eine ungerade Zahl, ist ein Mitglied der Sonnenfamilie und bedeutet Vollendung und Vervollkommnung. Sie steht für Kraft und Energie. Neun ist die Zahl des Absoluten (die achtfältige Maya plus das Eine Bewußtsein). Multipliziert mit irgendeiner anderen Zahl, behält Neun immer seine Identität und Integrität: zum Beispiel $9 \times 1 = 9$; $9 \times 2 = 18 = 1 + 8 = 9$; $9 \times 4 = 36$ oder 9; $9 \times 6 = 54$ oder 9; $23 \times 9 = 207$ oder 9; $376 \times 9 = 3384$ oder 9; $820 \times 9 = 7380$ oder 9. In der Yoga-Physiologie gibt es neun Tore, durch welche die Lebensenergie, Prana, den Körper beim Tod verläßt: der Mund, die zwei Augen, die beiden Nasenlöcher, die zwei Ohren, der Anus und das Geschlechtsteil. Während eines Tages atmet der Mensch rund 21.600mal, was wieder eine Neunerzahl ergibt. Der Tag besteht aus 1440 Minuten, was sich auf Neun reduzieren läßt. Es gibt auch neun Hauptnerven im Körper, die Navdurgas, welche die Hindus als Göttinnen verehren. Der Körper enthält 72.000 Nerven, Nadis genannt, die eine weitere Neunerzahl ergeben. Die Nadis sind Träger der Lebensenergie Prana. Auch sind die Planeten der Sonnenfamilie, die den Indern als Navgrahas bekannt sind, neun an der Zahl. Die Zahl Neun ist die Zahl von Mars, der mit einem wunderschönen roten Glanz am Himmel leuchtet.

Zweite Reihe

Das Reich der Fantasie

10 Reinigung
Tapah

Eine Zeitlang fühlt man sich auf der Ebene der Sinnlichkeit wohl. Aber bald zehrt der Abwärtsfluß die Lebensenergie auf und hinterläßt ein Gefühl von Leere und Verwirrung. In diesem Moment wird man auf die Reinigung aufmerksam. Die Reinigung ist der erste Pfeil des Spiels und enthält die Möglichkeit, über alle Schwierigkeiten des zweten Chakras hinwegzukommen. Wenn man auf Reinigung landet, nachdem man das erste Chakra passiert hat, reinigt man sich von allen Schwierigkeiten des ersten und zweiten Chakras und steigt gleich zur Himmlischen Ebene auf.

Reinigung bedeutet immer eine Erhöhung der Schwingungsebene des Lebewesens, welche die Energie zum Aufwärtsfließen bringt. Reinigung kann erreicht werden, indem man den Einsatz der Sinnesorgane, der Handlungsorgane und den gewohnten Ablauf des täglichen Lebens ändert. Es gibt fünf Fenster im Schloß des Bewußtseins, durch die die Feinde (das heißt die Unreinheiten) eindringen, in der Absicht, den König zu zerstören. Indem man diese Fenster schließt oder gut bewacht, kann der Spieler das Schloß rein halten.

Reinigung der Ohren kommt zustande, wenn man die Kraft des Hörens von der Außenwelt zurückzieht und sie den inneren Lauten zuwendet. Reinigung der Augen wird dadurch erreicht, daß man sie schließt und die ganze Aufmerksamkeit auf das dritte Auge konzentriert, das sich in der Mitte der Stirn gerade über den Brauen befindet. Reinigung der Zunge, des Fensters des Geschmacks, kann erzielt werden, indem man süßen und salzigen Geschmack aus dem Essen verbannt. Reinigung des Geruchssinns geschieht durch das Schließen der Nasenlöcher und indem man den Atem möglichst lange in den Lungen zurückhält (das hilft auch, die Gewohnheit des tiefen und langsamen Atmens zu entwickeln). Das Abreiben der Haut mit Asche reinigt den Tastsinn – es macht die Nerven der Epidermis unempfindlich.

Durch den Prozeß des Schlaf-Fastens – der darin besteht, daß man während eines Tages oder mehrerer Tage weder tagsüber noch nachts schläft – kann man sich von Trägheit, Dumpfheit, Schläfrigkeit, Torheit und Unwissenheit reinigen. Durch Rede-Fasten – das heißt für längere Zeit keinen Laut von sich geben – wird der Denkprozeß gereinigt. Nahrungs-Fasten reinigt die Körperchemie. Überdies reinigt Ungemach die Persönlichkeit des Spielers, läutert das Anhören von heiligen Schriften und göttlich inspirierter Dichtung sein inneres Selbst, reinigt Summen seine Nerven, während Konzentration und Meditation sowohl Geist als auch Körper reinigen. Sexuelle Enthaltsamkeit ist eine weitere Methode der Reinigung, eine harte, aber sehr wirksame Art, das Schwingungsmuster zu verändern.

11 Unterhaltung
Gandharvas

In den Schriften heißt es, daß Gandharvas «Seine» Noten sind. Das Wort kann als «himmlische Musikanten» übersetzt werden. Sie fallen unter die acht Arten der Schöpfung, welche das bloße Auge nicht sehen kann; sie haben jedoch die Gabe, nach Gutdünken eine Form anzunehmen. Sie setzen sich nicht aus groben Teilchen der Materie zusammen, denn sie wohnen auf der Astralebene. Ihre Frauen nennt man Apsaras (Nymphen), und zusammen unterhalten sie auf jede mögliche Art und Weise Gott und diejenigen, die durch ihre Entwicklung diese Ebene erreicht haben. Sie haben sich der Unterhaltung der Götter auf der Himmlischen Ebene hingegeben. Als himmlische Musikanten leben sie in Harmonie mit der Göttlichen Musik. In den Geschichten der Puranas gibt es viele Hinweise auf die Taten der Gandharvas und Apsaras. Sie sind ursprünglich vom Kreislauf Geburt und Tod befreit – wenn sie jedoch nicht in Harmonie mit ihrem Seinszustand handeln, fallen sie aus dem Himmel auf die Erde und werden als Menschen geboren. Wo immer sie auftreten, sorgen sie für Unterhaltung.

Nach der Reinigung kommt der Spieler in den Zustand der Unterhaltung. Dieses Feld ist ein Ausdruck von innerer Freude, von Rhythmus und Harmonie. Unterhaltung macht einen leicht und gibt Anregung für Erholung und Vergnügen. Unterhaltung erhellt die weltliche Existenz und eröffnet neue Wege, neue Ausblicke, neue Horizonte. Alle Künste sind ein Produkt dieses Zustandes, der zur zweiten Reihe des Spiels gehört und eine Eigenschaft des Schwingungszustandes im zweiten Chakra darstellt. Unterhaltung gibt es jedoch auf allen Ebenen. Dieses Spielbrett ist eine Unterhaltung für die Heiligen.

Das Leben beruht auf dem Prinzip des Vergnügens. Und es kann auch als Vergnügen verstanden werden, sobald der Spieler die Ebene des ersten Chakras (Sicherheit) durchschritten hat. Das Wesen des Geistes ist Unterhaltung. Die ganze Schöpfung ist ein Unterhaltungsspiel der Energie – Shakti, das Mutterprinzip, das Absolute, Gott, oder wie auch immer man den Höchsten Spieler, der nicht spielt, nennen will. Wenn das Vergnügen nicht zum Wesen des göttlichen Spieles gehören würde, dann würde der Eine nicht Viele werden wollen. Im Prozeß der Unterhaltung wird der Eine zu Vielen. Unterhalten heißt akzeptieren. Akzeptieren heißt sich hingeben. Und sich hingeben heißt sich auflösen und einswerden.

12 Neid
Eirsha

Neid ist die erste Schlange des Spiels. Ihr Biß bringt einen vom zweiten Chakra ins erste hinunter – zur Habsucht und allem übrigen, was die Schwingungsebene des ersten Chakras mit sich bringt. Immer wieder fängt diese kleine Schlange den Spieler und bringt ihn hinunter. Wenn man im Neid landet, fühlt man einen Mangel an Selbstvertrauen und nimmt Zuflucht zu Strategien des ersten Chakras, um sein Verlangen zu bezwingen. Im Prozeß des Spiels hilft diese Schlange dem Spieler, seinen Denkprozeß zu reinigen.

Im Lebensspiel bewegt sich die Energie von unten nach oben. Der Spieler will die niederen Ebenen verlassen und den Gipfel erreichen, um für immer die Probleme hinter sich zu lassen, denen er unten begegnete. Aber diese Einstellung läuft dem tiefsten Wesen des Spiels zuwider. Man muß auf allen Ebenen spielen, wo einen der karmische Würfel gerade hinführt.

Aber niemand will unten bleiben. Wer sich nicht in der richtigen Weise auf eine Schwingung einstellt, wird von diesen Schlangen erwischt. Und durch seinen eigenen Würfelwurf kommt und geht der Spieler, immer von neuem hinauf und hinunter.

Man empfindet Neid, wenn die Energie auf dem Tiefpunkt ist. Man hat die höhere Ebene nur durch karmischen Zufall erreicht. Aber man hat es nicht wirklich verdient, dort zu bleiben. Der Spieler kann in Wirklichkeit gar nicht dort bleiben, weil negative Schwingungen immer noch in ihm gegenwärtig sind. In solchen Momenten ist er neidisch auf diejenigen, die er für fähig erachtet, ständig und sicher auf den höheren Ebenen zu bleiben. Neid ist eine negative Reaktion, welche die Energie des Spielers wieder ins erste Chakra hinunterzieht, wo er weitere Karmas aufarbeiten muß.

13 Nichtigkeit
Antariksha

Antariksha ist der Raum zwischen der Physischen Ebene – der Erde, und der Himmlischen Ebene – Swarga, dem Himmel, dem Königreich Gottes. Dieser Raum befindet sich weder im Himmel noch auf Erden, er liegt zwischen den beiden Ebenen. Er ist weder hier noch dort, nirgendwo: er ist Nichtigkeit.

Nichtigkeit ist ein Zustand, der direkt mit dem unstabilen negativen Intellekt verbunden ist. Wenn es einem an Einsicht in den Sinn des Lebens fehlt, fließen Gefühle von Sinnlosigkeit (existentieller Angst) und Zwecklosigkeit durch das Bewußtsein. Der Spieler hat kein Ziel, was ihn dazu führt, die Gesellschaft seiner Mitmenschen zu suchen. Aber der Mangel an Lebensenergie erzeugt ein Gefühl der Sinnlosigkeit, und so ist es ihm nirgends wohl, während er gleichzeitig in seiner negativen Einstellung verharrt.

Nichtigkeit ist eine Manifestation des zweiten Chakras und die Ursache von Untätigkeit, Unstabilität und Ruhelosigkeit. Alles verliert Sinn und Bedeutung. Nichts hat einen Reiz. Die Identifikation der Persönlichkeit geht vollständig verloren, was eine seelische Unausgeglichenheit zur Folge hat. All das geschieht, weil einem die Energie fehlt, höheren Ebenen gerecht zu werden.

Die Erschöpfung der Energie, eine Folge des ständigen Suchens nach Sinnesobjekten, ist die grundlegende Falle, solange man auf die Schwingungen des zweiten Chakras eingestellt ist. Der Spieler kann in der Nichtigkeit landen, wenn er von der Unterhaltung, von der Ebene der Sinnlichkeit, von der Einbildung, dem Negativen Intellekt oder von der Habsucht herkommt. Wenn er aus dem ersten Chakra hierher kommt, hat er bereits die Freuden der Reinigung und der Unterhaltung erfahren, seine begrenzte Energie aber zu schnell verbraucht. Jetzt ist er verwirrt. Die Ziele, die er vorher im Auge hatte, sind noch da, aber wozu? Wozu überhaupt irgend etwas?

Aber Nichtigkeit ist nicht ein Dauerzustand. Bald beginnt der Spieler seine Energien wiederzugewinnen. Er ist nun bereit, wieder zu spielen, sobald der Würfel zu ihm kommt.

14 Astrale Ebene
Bhuvar-Loka

Bhuvar-Loka ist die Ebene, die auf die Physische Ebene folgt; es ist eng damit verwoben, besteht jedoch aus einer feineren Materie. Wir haben die sieben Lokas (in der Beschreibung von Bhu-Loka, dem fünften Feld des Spielbrettes) bereits erläutert und haben festgestellt, daß jedes Loka einen Seinszustand im Prozeß des inneren Wachstums darstellt, wobei die Physische Ebene (Bhu-Loka) das gröbste Loka ist. Im Bhuvar-Loka herrscht das Wasser vor, wie dies auch im zweiten Chakra der Fall ist. So wie das zweite Chakra sich in der Wirbelsäule über dem ersten befindet, so befindet sich die Astrale Ebene im Rückgrat des Spielbretts auch über der Physischen Ebene.

Das ist die Ebene der Fantasie, auf der sich die menschliche Vorstellungskraft aufzuschwingen beginnt. Der Spieler, der hier landet, wird sich der ungeheuren Vielfältigkeit der Erscheinungswelt bewußt.

Die Welt fängt vor lauter Möglichkeiten buchstäblich zu leben an. Es gibt so vieles, was der Spieler sein, so viele Ziele, die er verfolgen kann. Dieses Bewußtsein von Möglichkeiten erregt ihn, und er beginnt, ein aktiveres Interesse am Leben zu zeigen. Er hat seine Überlebensbedürfnisse erfüllt und sieht jetzt, daß es weit mehr im Leben gibt, als er sich je vorstellen konnte, während er sich bloß darum kümmerte, wie er zu seinem Essen kommt. Jetzt ist er materiell gesichert und erfolgreich, und auf dieser Welle des Selbstvertrauens schwingt sich auch seine schöpferische Vorstellungskraft empor. Aber Fantasien verbrauchen mehr Energie als irgendeine andere menschliche Aktivität. Der Spieler verwendet seine ganzen Energievorräte dazu, Luftschlösser zu bauen. Er versucht, von der physischen Welt wegzukommen durch die Jagd nach Freude, Genuß und Identifikation mit anderen Spielern.

Genuß durch die Sinnesorgane ist die treibende Kraft seines Lebens, solange er auf die Schwingungen dieser Ebene eingestellt ist. Es ist die Ebene von «Wein, Weib und Gesang». Sexualität wird zu einem primären Mittel der Selbstdarstellung – was ein ungeheurer Raubbau an der Lebensenergie sein kann.

Der Spieler wohnt in den Welten von Empfindung, Gefühl, Idee und Bedeutung und benützt sie als Basis für seine Fantasien. Deshalb ist das zweite Chakra der Ausgangspunkt aller schöpferischen Künste. Fantasie ist die Kraft, die hinter der Kreativität steht.

Die Astrale Ebene ist die Dimension des seelischen Raums auf halbem Wege zwischen Himmel und Erde. Der Spieler war auf den tieferen Ebenen zu Hause, und jetzt bringt seine Vorstellungskraft die Möglichkeit des Himmels in Reichweite. Die Gefahr ist, daß seine Fantasien mit ihm durchgehen, was an seinen Energien zehrt und ihn erschöpft zurückläßt.

15 Fantasie
Naga-Loka

Naga-Loka soll die Unterwelt gewesen sein. Wie es oben sieben Lokas gibt, so gibt es auch unten deren sieben. Die unteren Lokas liegen unter Wasser. Über jede Unterwelt herrschen verschiedenartige Wesen. Eines dieser sieben ist Patal. Die Herrscher einer andern Region sind Schlangen (Nagas). In der Mythologie sollen diese Nagas Halbgötter mit einem menschlichen Gesicht und einem Drachenschwanz gewesen sein. Nagas gibt es auch als Sekte eingeweihter Eremiten, die Meister von großer Weisheit sind: Nichts bleibt ihnen verborgen oder könnte vor ihnen verborgen werden. So ist Naga-Loka die Ebene der Fantasie. Sie liegt nicht über der Physischen Ebene, sondern darunter – vom Wasser überschwemmt, in Übereinstimmung mit dem Wesen der Fantasie.

Der Spieler, der hier landet, tritt nun völlig in das Reich des Fantastischen ein. Hier schwingt sich seine Vorstellungskraft über die Physische Ebene vollkommen hinaus, in die unendlichen Potentiale der menschlichen Existenz. Er sieht keine Grenzen, die seiner Natur gesetzt wären. Es gibt nichts, was er nicht tun könnte.

Er läßt seine Energien in die Erforschung seiner Fantasien strömen, schäumt über vor Ideen und bringt Kunstwerke und Erfindungen hervor. Er erforscht die Welt, die ihm die Sinne präsentieren, und sucht für seine Vorstellungskraft immer größere Anreize. Er benützt alles, was seine Sinne registrieren, um nie zuvor erfahrene Kombinationen zu schaffen. Hier ist die Ebene der Spekulation, des «Was wäre, wenn...?» Der Reichweite der Vorstellungskraft werden keine Schranken gesetzt. Nichts ist zu fantastisch oder zu bizarr, um nicht in Erwägung gezogen zu werden.

In der Unterhaltung wurde sich der Spieler der Möglichkeiten bewußt. Auf der Ebene der Fantasie ist er nun in sie eingetaucht. Viele der besten Kunstwerke sind aus dieser Hingabe an die uneingeschränkte Vorstellungskraft entstanden. Aber wenn der Spieler die Vorstellungskraft zu hoch und für zu lange Zeit aufschwingen läßt, verliert er den Kontakt zur Realität seines Alltagslebens. Und da lauert ihm schon die Schlange der Eifersucht auf, um ihn zu fangen, wenn er sich so sehr im Fantastischen verstrickt hat, daß er nicht mehr sehen kann, was unmittelbar vor ihm liegt.

Im Sanskrit heißt Naga Schlange. Deshalb ist die Ebene der Fantasie auch die Schlangenebene. Die Schlange ist gleichbedeutend mit Energie. Die Kundalini, welche der Yogi durch seine Übungen aufsteigen lassen will, wird oft Schlangenkraft genannt. Die Schlange ist die Verkörperung von Bewegung. Die Schlange ist das Tier, das der Natur des Spielers, der auf die Schwingung des zweiten Chakras eingestellt ist, am meisten entspricht. Sie repräsentiert Flexibilität sowie die proteushafte Fähigkeit, die Gestalt zu wandeln. So wie die Schlange Schutz sucht in der Tiefe der Erde, so verhält sich der Spieler, der im zweiten Chakra landet.

16 Eifersucht
Dwesh

Wenn der Spieler seinen Fantasien erlaubt, mit ihm durchzugehen, kann ihn der Energieverlust zum Feld der Eifersucht bringen – dem Grundproblem des zweiten Chakras. Eifersucht ist ein Zustand der seelischen Unausgeglichenheit, der durch Mißtrauen und Angst vor Rivalität und Treulosigkeit entsteht.

Eifersucht ist eine Art Geisteskrankheit, welche den Geist der selbstvergifteten Person verwirrt. Die Fähigkeit des Spielers zu fantasieren gestattet ihm, sein Ego über jedes Maß hinaus anschwellen zu lassen. Er verliert die Fähigkeit zu unterscheiden, zwischen dem, was möglich ist, und dem, was tatsächlich ist. Seine Verwirrung entsteht aus seiner Ausschweifung im Fantastischen.

Er beginnt anderen zu mißtrauen, wenn sie nicht dem Bild entsprechen, das er von sich selber hat. In der Liebe ist er eifersüchtig und fürchtet Rivalen. Seine Selbstzweifel wachsen, und so wird seine Energie bald ins erste Chakra hinuntergezogen, wo er der Gier zum Opfer fällt. Die Eifersucht hat seinen Mangel an Selbstvertrauen genährt, der seinerseits Unsicherheit, den Grundzug des Ersten-Chakra-Charakters, hervorbringt. Sein Mangel an Selbstvertrauen führt zu Selbsthaß, der, nun nach außen projiziert, zu Haß anderen Menschen gegenüber wird.

Um sein Selbstvertrauen wiederzugewinnen, muß er das erste Chakra, wo er seine Unsicherheit verlieren und seine Schwingungen erhöhen kann, nochmals erfahren.

17 Erbarmen
Daya

Erbarmen ist ein göttliches Attribut von solcher Kraft, daß es den Spieler direkt vom zweiten Chakra auf die achte Ebene, die Ebene des Absoluten, befördert. Erbarmen ist eine Hingabe an das Mitgefühl von solcher Potenz, daß das Ego weggeschwemmt wird in einem Gefühlsausbruch, der so intensiv ist, daß die Augen sich mit Freudentränen füllen und das Herz vor Jubel und kosmischer Liebe Sprünge macht. Für einen Moment ist der Spieler eins mit dem Göttlichen.

Erbarmen ist der positivste Aspekt der Zweit-Chakra-Fähigkeit, sich Möglichkeiten vorzustellen. Der Zustand des Erbarmens entsteht, wenn Mitgefühl auf jemanden ausgedehnt wird, durch den des Spielers Selbstidentifikation verletzt worden ist. Statt zurückzuschlagen, «Auge um Auge, Zahn um Zahn», hält der Spieler die andere Wange hin.

Das Vorstellungsvermögen gibt dem Spieler Einsicht in die Motivationen anderer. Der Spieler sieht, daß er es selbst war, der die Verletzung zuließ, daß der andere nicht «verantwortlich» war. Er weiß, daß beide – er und der andere – Spieler sind, in einem kosmischen Spiel, das weit über die gegenwärtige Verständnisebene von beiden hinausgeht. Er sieht ein, daß auch er selbst die Verletzung jemand anderem hätte zufügen können.

Er erkennt, daß es höhere Schwingungsebenen gibt und daß nur ein Mensch, der sich die Einsichten erwirbt, die man gewinnt, wenn man sich auf diesen höheren Schwingungsebenen befindet, einen anderen Menschen beurteilen kann. In der Form von Vergebung dehnt er die Essenz des Mitgefühls auf den anderen Spieler aus.

Dadurch wird das Bewußtsein des Spielers von seiner Selbstidentifikation befreit, und er schwingt sich zur Ebene des Absoluten hinauf. Es gibt ein Sanskritsprichwort: Daya (Erbarmen) ist der Grundstein des Dharma (des richtigen Lebens). Ohne Erbarmen ist ein wahrhaft religiöses Sein nicht möglich. Erbarmen, Güte, Duldsamkeit, Mäßigung, alle reichern das Gute im Menschen an und helfen ihm, seine Gefühle zu verfeinern, seinen Charakter zu formen und seine Ethik zu entwickeln. Die Schranke der Persönlichkeit ist weggeschwemmt, und sein Geist wird zum Spiegel des Göttlichen. Erbarmen ist Hingabe... Ein Akt des Erbarmens kann aber nicht alle vergangenen Karmas auflösen, der Spieler muß also würfeln, bis die Schlange Tamoguna ihn beißt. Dann wird er verschlungen und zur Erde zurückgebracht, um seine Mission zu erfüllen.

18 Freude
Harsha-Loka

Hier am Ende der zweiten Reihe, der zweiten Ebene, des zweiten Chakras, entsteht ein Gefühl tiefer Befriedigung. Der Spieler weiß, daß er über Neid, Nichtigkeit und Eifersucht hinweggekommen ist. Er ist im Begriff, das Reich der Fantasie zu verlassen, um der wirklichen Welt, der Bühne des Karma-Yoga, zu begegnen. Er weiß nicht, wie bald er sein Ziel, das Kosmische Bewußtsein, erreichen wird, aber er weiß, daß die Seinsebenen transzendiert werden können, daß die Energie aufsteigen kann.

Das Vorgefühl seiner Begegnung mit der Welt läßt ihn aufleben, und er beginnt, in jeder Schicht seines Seins tiefe Gefühle zu empfinden. Er hat eine Herausforderung vor sich, aber er empfindet auch die bleibende Befriedigung, die entsteht, wenn man etwas vollbracht hat. Eine Phase ist vorüber, eine andere fängt gerade an. In diesem Augenblick des Übergangs durchdringt der Geist der Freude sein ganzes Sein.

Er hat das erste Chakra hinter sich gelassen. Er empfindet keine Angst, keine Unsicherheit. Er hat das zweite Chakra vollendet – hat sich vom sinnlichen Verlangen befreit. Was vor ihm liegt ist die freudige Aufgabe des Karma-Yoga. Er fühlt sich, vom Geist der Suche entflammt, auf dem Höhepunkt seiner selbst und der Welt. Das Zeitgefühl verschwindet. Freude ist immer ewig, wie kurz auch ihre Dauer sein möge. Die räumliche Wahrnehmung verschwindet. Freude kennt keine Grenzen. Aber die Freude kann nicht ewig dauern. Bald beginnen die Kräfte des Karma zu arbeiten und die Aufgabe, die dritte Ebene zu durchqueren, beginnt.

Dritte Reihe
Das Theater des Karma

19 Karma
Karma-Loka

Die dritte Reihe des Spiels und die Erforschung des dritten Chakras beginnt mit der Ebene der Tat. Das einzige Verlangen, daß zu allen Zeiten und an allen Orten wahr bleibt, ist das Verlangen nach Erfüllung. Alle anderen Wünsche sind Manifestationen dieses einen Wunsches, des Wunsches nach Vollendung und Selbstverwirklichung. Auf welcher Schwingungsebene sich jemand auch immer befindet, auf dieser betreffenden Ebene sucht er nach Erfüllung.

Im ersten und zweiten Chakra manifestiert sich das Verlangen als Jagd nach Geld und Sex. Im dritten Chakra wird die Identifikation des Ego und das Erlangen von Macht zum vorherrschenden Interesse. Die Erst-Chakra-Menschen arbeiten weder für sich selbst noch an sich selbst. Sie sind in der Regel damit beschäftigt, an der Selbstverwirklichung einer Dritt-Chakra-Person mitzuhelfen. Im zweiten Chakra fließt das Verlangen in Richtung der Sinne, und die Energie wird in der Erforschung des sinnlichen Bereichs verbraucht.

Im dritten Chakra wird sich der Spieler der sozialen und politischen Einflüsse bewußt, die die Entwicklung seiner Persönlichkeit beeinflußt haben. Der Spieler wird selbstbewußt. Egoismus wird zum Impuls der Aktion, da das Ego seinen Einfluß in immer weiteren Kreisen auszudehnen sucht. Auf diese Weise führt Karma-Loka den Spieler zu einer realistischeren Konfrontation mit der Wirklichkeit. Angesichts der Tatsachen der Welt zerfallen die Fantasien des zweten Chakras. Ein Moment der Ernüchterung tritt ein, und dem Spieler wird das Gesetz des Karma bewußt.

Jedes Ding befindet sich in ständiger Interaktion mit allen übrigen Dingen. Auf der Ebene der Energie bestimmt Karma die Frequenz der Schwingung, welche sich auf der grobstofflichen Ebene als das Verhaltensmuster des Spielers manifestiert. Karma ist die Ursache des Zyklus von Geburt und Wiedergeburt. Und nur dieses Karma kann wiederum den Spieler von diesem Zyklus befreien. Dasselbe Karma schafft sowohl Knechtschaft wie Befreiung.

Jede einzelne Person hat eine karmische Verantwortung für ihr Selbst, das in manifestiertes und nichtmanifestiertes Selbst, in Körper und Sein, unterschieden werden kann. Aus diesem Grunde gibt es sowohl Karmas gegenüber dem Körper als auch Karmas gegenüber dem Bewußtsein. Körper ist Welt. Der Körper enthält alle Elemente der grobstofflichen Manifestation. Deshalb sind Karmas gegenüber dem Körper Karmas gegenüber der ganzen Welt. Bewußtsein ist die Essenz der Welt. Deshalb sind Karmas gegenüber dem Bewußtsein auch Karmas, die den ganzen Planeten umfassen.

20 Wohltätigkeit
Daan

Diejenigen Karmas, welche das Schwingungsniveau erhöhen, sind als Tugenden bekannt; diejenigen, welche es senken, als Untugenden oder Laster. Wohltätigkeit ist eine menschliche Tugend, welche auf der Ebene des dritten Chakras anzutreffen ist. Sie hebt den Spieler über die Probleme des dritten Chakras hinaus und bringt ihn auf die vierte Ebene des Spiels, die Ebene des Gleichgewichts.

Als eine Tugend ist Wohltätigkeit eine Manifestation des Göttlichen, der Essenz des Bewußtseins. Wenn der Spieler auf diesem Feld landet, identifiziert er sich mit dem Göttlichen – das in allem gegenwärtig ist – und vollbringt Akte der Wohltätigkeit, ohne irgendeinen persönlichen Vorteil von seinem Karma zu verlangen.

Die Ausführung des Aktes der Wohltätigkeit wird von einer gehobenen Stimmung begleitet. Das ist der Übergang der Energie von einer niederen zu einer höheren Ebene. Aus diesem Grunde haben alle Religionen auf die Bedeutung der Wohltätigkeit hingewiesen und wohltätige Handlungen in ihre Rituale eingeschlossen. Die Realität der Bedürfnisse und das Verlangen, zu teilen, sind die zwei Faktoren, die an der Basis dieses Spiels am Werk sind. Wohltätigkeit befriedigt das sich entwickelnde Ego und durchbricht die Fesseln des dritten Chakras.

Wohltätigkeit ist einer der wichtigsten Pfeiler der Ebene des Karma. Sie ist die motivierende Kraft hinter den höchsten institutionalisierten Aktivitäten – denn sie vereinigt Mitgefühl mit der Neigung des dritten Chakras zur Organisation.

21 Busse
Saman Paap

Wenn der Spieler aus dem Bereich des Drucks von materiellem und sinnlichem Verlangen herauskommt, gewinnt er die Erkenntnis, daß er anderen Menschen Schaden zugefügt hat, indem er seine niederen Bedürfnisse befriedigt hat. Auf seiner Suche nach Selbstverwirklichung hat er blind gehandelt, ohne sich der Konsequenzen seiner Handlungen bewußt zu sein. Wenn er auf der Ebene der Buße landet, sieht er ein, daß er durch den Gebrauch von falschen Handlungen und falschen Mitteln in sich selbst falsche Schwingungen geschaffen hat, die die Erlangung des inneren Friedens verunmöglichen.

Auf der Suche nach diesem inneren Frieden landet er in der Buße, um das Unrecht, das er getan hat, wiedergutzumachen, um für seine Torheiten zu büßen. Das ist eine Zeit großen Gefühlsaufruhrs, wo der Spieler ein heftiges und dringendes Verlangen empfindet, negative Karmas, das heißt die Untugenden, die er gepflegt hat, in Ordnung zu bringen.

Buße ist auch das Feld für Zweit-Chakra-Menschen, die im dritten Chakra gelandet sind und nun Schuldgefühle haben, weil sie nicht fähig sind, sich auf die Schwingungen der höheren Ebene einzustellen. In beiden Fällen ergibt Buße positive Resultate und unterstützt somit den Aufwärtsfluß der Energie.

Der Spieler büßt, indem er dem Gesetz des Dharma folgt, welches das wahre Wesen aller Dinge ist. Buße ist ein Einschwingen in die Ebene von Dharma, die des nächsten Feldes.

22 Dharma
Charma-Loka

Dharma ist alles, was richtig ist. Dharma ist ein ewig sich entwickelndes, immer fließendes Prinzip. Dharma ist eine überzeitliche und überräumliche Kraft, die in der menschlichen Existenz wirkt. Dharma ist konstant, aber seine Form verändert sich von Situation zu Situation. Es lebt in den Tiefen der Wirklichkeit. Der Spieler, der den Fluß des Dharma findet, ist in der Wirklichkeit zu Hause und wird mit ihr eins (auf die Buße folgt das Einswerden).

Bewußtes Handeln, das der Realität des Augenblicks entspricht, ist Dharma. Bewußt handeln lernen heißt im Einklang mit den Prinzipien des Kosmos handeln lernen. Dharma ist die Handlung, die sich im Einklang mit dem Kosmischen Wissen befindet.

Es gibt zehn Kennzeichen des Dharma, welche alle vorhanden sein müssen, wenn die Handlung im Einklang mit dem Gesetz des Dharma sein soll: Standhaftigkeit, Vergebung, Selbstbeherrschung, Zurückhaltung (Nichtstehlen), Sauberkeit (Reinheit), Kontrolle über die Sinnes- und Handlungsorgane, Intellekt, rechtes Wissen, Wahrheit und Abwesenheit von Zorn.

Was man selbst als wirklich gut empfindet, ist auch gut für andere. Es gibt kein Dharma mit dem Sinn, Gutes für andere zu tun. Es gibt kein Adharma, das heißt eine Untugend, die schlimmer wäre, als anderen Schaden zuzufügen. Dharma kann am besten verstanden werden, wenn man es in Beziehung zum Verhalten bringt. Es ist aber weit mehr als ein System von Verhaltensregeln, von Gesetzen der Moral oder der Ethik. Das sind Attribute des Dharma, aber nicht das ganze Dharma. Ethik ist eine Widerspiegelung von Dharma, nicht Dharma selbst.

Das Dharma des Feuers ist, zu brennen; das Dharma des Wassers, zu löschen. Es ist das Dharma des Wassers, Geschmack zu erzeugen, wie es das Dharma des Feuers ist, Farbe und Form zu schaffen. Die ihr innewohnende, wesenhafte Natur einer Sache ist ihr Dharma. Aus dem Dharma gibt es kein Entrinnen. Im Moment einer Abweichung fließt die Energie abwärts und zieht den Spieler mit sich. Die Pfeile in diesem Spiel sind Dharmas, Tugenden; die Schlangen Adharmas, Untugenden.

Obwohl Dharma immer existiert, und zwar jenseits aller Formen, nimmt es für jeden Spieler eine besondere Form an. Es ist das Dharma des Spielers, der in einem kalten Klima lebt, warme Kleidung zu tragen. Es ist das Dharma des Hungrigen, sich zu ernähren. Es ist das Dharma des Schülers, zu meditieren und an Sadhana, das heißt spiritueller Disziplin, teilzunehmen. Es ist das Dharma des Kindes, frei zu spielen, ohne Sorge um die Welt des Geistes. Es ist das Dharma des Älteren, in der Welt des Geistes zu wohnen. Dharma ist die Wahrheit, die alles Existierende innerhalb der ihm entsprechenden Beziehungen hält.

Dharma ist das Gerüst, das zum Aufbau des Gebäudes des Selbst aufgerichtet wurde. Solange das Gebäude nicht fertig ist, hält das Gerüst die Struktur aufrecht. In dem Moment, wo das Gebäude sich selbst halten kann, wird das Gerüst entfernt und für andere, noch unstabile und im Bau begriffene Gebäude verwendet.

23 Himmlische Ebene
Swarga-Loka

Swarga-Loka, die Himmlische Ebene, ist das dritte Loka der sieben Ebenen der Existenz. Die drei Ebenen Bhu-Loka, Bhuvar-Loka und Swarga-Loka gehören einer Kategorie von Ebenen an, welche am Ende eines Schöpfungstages zugrunde gehen – damit ist ein Tag des Schöpfers, Brahma, gemeint – und in der Dämmerung des darauffolgenden Tages wiedergeboren werden. Auf Bhu-Loka, der Physischen Ebene, ist alles physisch; auf Bhuvar-Loka, der Astralen Ebene, ist das Verlangen wirksam; auf Swarga-loka, der Himmlischen Ebene, wird Arbeit auf der Ebene der Gedanken vollbracht. Auf dieser Ebene herrscht das Element Feuer vor, und alles, was auf dieser Ebene des Seins existiert, besteht aus Feuerteilchen, aus leuchtenden, glänzenden Teilchen aus Licht; das ist der Grund, weshalb die Wesen im Swarga-Loka aus sich selbst heraus leuchten. Leuchtende Engel und Götter werden in allen Mythologien erwähnt.

Im ersten Chakra sehnte sich der Spieler nach Sicherheit und versuchte, sich Besitztümer zu verschaffen, welche ihn schützen und ernähren würden. Im zweiten Chakra erforschte er die Welt der Sinne und strebte nach deren Befriedigung. Jetzt, wo er die Ebene des dritten Chakras erreicht hat, beginnt er, über die Bereiche des Stofflichen und des Sinnlichen hinauszusehen und die Natur seines Ego, seine persönliche Identität, zu ergründen. Hier hat er also das Interesse, seiner Identitätskonstruktion Unsterblichkeit zu verleihen.

Sobald dieses Verlangen nach Ego-Unsterblichkeit in seinem Herzen entsteht, ziehen die Gesetze des Himmels seine Aufmerksamkeit an, und er versucht, sich einen Himmel aus seinen eigenen Wünschen zu bauen. Dieser von ihm entworfene Himmel ist voll von all dem, was sein Ich zum Genuß, zur Freude und zum Glück braucht. Er sieht realistisch, wie die Welt von Schmerz, Leiden, Aufstieg und Fall erfüllt ist. Er sehnt sich nach einem Genuß ohne Ende, ohne Unterbrüche oder Veränderungen. Das ist die Ebene, die von den Religionen aller Völker genährt wird und die als Himmel bekannt ist. Selbst Marx, dieser atheistische Dritt-Chakra-Philosoph, kam nicht ohne Himmel aus. Er nannte ihn die klassenlose Gesellschaft.

Der Himmel ist eine Manifestation des Dritt-Chakra-Verlangens. Wenn wir uns von Werturteilen lösen, können wir ihn als eine tatsächlich höhere Ebene sehen, eine Ebene, die vom zweiten Chakra aus durch Reinigung erreicht wird. Der Himmel ist der Köder, der dazu benützt wird, die verirrten Erst- und Zweit-Chakra-Schafe zurück in den Schoß des Geistes zu locken, und er ist von den Heiligen und Propheten aller Religionen benützt worden, um das spirituelle Niveau der Massen zu heben.

In der Hindu-Tradition ist der Himmel der Herrschaftsbereich des Gottes Indra. Er ist derjenige, der seine Indryas, die fünf Wahrnehmungsorgane und die fünf Handlungsorgane, gemeistert hat. Jemand, der diese Organe gemeistert hat, wird Herr des Himmels und wohnt in diesem Feld. Der Himmel ist der Wohnort von Heiligen, Bhaktas (Menschen, die ganz dem Spirituellen hingegeben sind), von hohen Karma-Yogis sowie der himmlischen Tänzer und Musiker (siehe Feld 11, Unterhaltung).

Für jemanden, der seine Wahrnehmungs- und Handlungsorgane gemeistert hat, existiert alles genauso wie auf der Physischen Ebene, aber in harmonischer und göttlicher Form. Da gibt es keine niederen Begierden, keine Gewalttätigkeit, keinen Wahn, keine Gier, keine Eifersucht, keine Habsucht, keinen Zorn, keine Sinnlichkeit, keine Nichtigkeit. Statt dessen gibt es Reinigung, Unterhaltung, Barmherzigkeit, Freude und ein unendliches Leben, um sich daran zu erfreuen. Der Himmel ist das Gebäude, das mit dem Gerüst von Dharma errichtet worden ist.

24 Schlechte Gesellschaft
Ku-Sang-Loka

Auf der Suche nach Selbstidentifikation, welche die Aktivitäten im dritten Chakra charakterisiert, sucht sich der Spieler Gruppen, um sich auf seiner Suche von ihnen unterstützen zu lassen. Er ist sich darüber im klaren, daß er allein nicht Kraft genug hat, sein Verlangen zu verwirklichen, und sucht andere Menschen, die auf einem ähnlichen Weg sind, um mit ihnen zusammen eine Gruppe von sich gegenseitig unterstützenden Spielern zu bilden.

Wenn er auf eine falsche Schwingung eingestellt ist, wird er sich vermutlich in einer Gruppe finden, welche nicht in Einklang mit dem Dharma handelt. Dann befindet er sich in schlechter Gesellschaft einer Schlange, welche ihn beißt und ihn ins erste Chakra, in die Einbildung, hunterbringt.

In schlechter Gesellschaft werden seine schlechten Charakterzüge entweder übersehen oder gelobt. Die Kraft, die durch Gruppenaktivitäten erzeugt wird, läßt sein Ego anschwellen, seine Selbstsucht anwachsen. Der Glaube, seine Handlungen seien im Einklang mit dem Dharma, ist in Wirklichkeit eine Selbsttäuschung. Je weiter er vom Weg abkommt, um so größer wird seine Einbildung. Bald findet er sich im ersten Chakra wieder und muß Reinigung oder Unterhaltung suchen.

In schlechter Gesellschaft sieht man persönliche Probleme als etwas von andern Verursachtes an. Der politische Verschwörer, der zu jedem Mittel Zuflucht nimmt, um sein Ziel zu erreichen –, der Terrorist – ist das extreme Produkt einer solchen schlechten Gesellschaft. Er wird durch die Menschen in seinem Kreis zur Wahnvorstellung verleitet, Meuchelmord könne gerechtfertigt sein. Er meint, daß er dadurch, daß er einen anderen Menschen tötet, das eigene Verlangen zu stillen vermag. Er sieht seine eigenen Ziele als für jedermann maßgebend an. Diese Abirrung von Dharma, dieser grobe Mißbrauch persönlicher Macht ist ein charakteristisches Problem des dritten Chakras. Dieser Mißbrauch zieht seine Energien hinunter.

Schlechte Gesellschaft ist Adharma. Nur indem er in Einklang mit dem Dharma handelt, kann sich der Spieler aus dieser Falle befreien.

25 Gute Gesellschaft
Su-Sang-Loka

Der Spieler, der dem Weg des Dharma im dritten Chakra zu folgen beginnt, wird sich bald in Gesellschaft von anderen befinden, die dasjenige, was das Beste in ihnen ist, zu realisieren versuchen. In dieser Gruppe findet der Spieler seine Energien durch die Bestätigung, die durch das Wissen entsteht, daß andere dasselbe Ziel anstreben. Seine Dritt-Chakra-Suche nach Ego-Erweiterung nimmt eine neue Wendung. Diese positive Assoziation, diese Gute Gesellschaft, ist Su-Sang.

Für denjenigen, der in sich spirituelle Werte zu realisieren versucht, nimmt Su-Sang in der Regel die Form einer organischen Gemeinschaft an, die sich um die Person und die Lehre einer Viert-Chakra-Person bilden. Schlechte Gesellschaft entwickelt sich in der Regel um einen charismatischen Dritt-Chakra-Führer herum. Der Spieler sowie die übrigen Mitglieder der Gruppe bemühen sich gemeinsam, ihrem Lehrer nachzueifern und das, was der Lehrer gibt, ihrer eigenen Identität einzuverleiben.

In der Guten Gesellschaft werden Untugenden nicht gelobt. Die Spieler dienen einander, mit der Hilfe des Meisters als Spiegel, so daß sowohl gute wie schlechte Tendenzen beobachtet werden können und man auf sie einwirken kann. Während Einbildung aus der Schlechten Gesellschaft resultiert, entwickelt sich aus der Guten Gesellschaft Mitgefühl.

Gute Gesellschaft ist für den Spieler wesentlich. Sie verschafft ihm die Gelegenheit, aus alten Identifikationen heraus- und in eine Atmosphäre von Vertrauen und Mitgefühl hineinzuwachsen. Reste von Erst- und Zweit-Chakra-Problemen verschwinden mehr und mehr in dem Maße, in dem er lernt, sich mit allen Aspekten seines Selbst zu konfrontieren und damit zu arbeiten.

Gute Gesellschaft ist die positive Seite des Dritt-Chakra-Dranges nach Anschluß und Identifikation. Nun gibt es keine Fallen mehr, die ihm seinen Weg auf die vierte Ebene des Spiels – auf die Ebene des Gleichgewichts und des kosmischen Denkens – blockieren könnten.

26 Kummer
Dukh

Kummer ist der Begriff, der gebraucht wird, um die Veränderung in der Körperchemie zu beschreiben, die durch einen Verlust entsteht. Dieser Verlust von Energie (oder Druck) schafft einen Zustand der Depression im Organismus. Kummer und Freude repräsentieren die zwei Enden des emotionalen Kontinuums. Freude ist ein Zustand der Ausdehnung, der Extraversion und erhöhter Schwingung. Kummer ist ein Zustand der Zusammenziehung, der Introversion; die Schwingung wird vermindert. In beiden Feldern verschwindet das Zeitgefühl, und der Augenblick wird ewig.

Im Kummer ist die Atmung eingeschränkt und unterdrückt. Das Blut wird nach innen in die vitalen Organe gezogen. Dazu gehört ein blasses Aussehen. In der Freude ist die Atmung uneingeschränkt und fließend. Das Herz öffnet sich, und das Blut kreist durch den ganzen Körper. Das Aussehen ist gerötet, strahlend, vital.

Kummer ist wie eine Decke, die den Spieler in ihre Falten hüllt und ihm die Sicht nimmt. Kein Hoffnungsschimmer, kein Licht kann eindringen. Je mehr der Spieler darum kämpft, herauszukommen, um so schlimmer verwickelt er sich darin. Er fühlt sich schwach und hilflos. Er wird hin und her gerissen zwischen seinem Intellekt – der ihm sagt, daß es einen Weg hinaus gibt – und seinen Gefühlen, die den Zustand für ewig erklären.

Alles, was er in diesem Moment tun muß, ist aufstehen und die Decke ein für allemal abwerfen. Draußen ist klarer Himmel. Aber in der schweren karmischen Decke gibt es nur Verwirrung und Komplexe, die seine Fantasie geschaffen hat. Wie ein Kind, das Angst vor der Dunkelheit hat und unter seiner Wolldecke kauert, stellt er sich vor, daß draußen finstere Schrecken lauern, um ihn zu verschlingen, sobald er sich zeigt.

Es gibt einen nur vorübergehenden Kummer, etwa Kummer, der durch einen anscheinend sinnlosen Kindsmord entsteht oder durch das Niedermetzeln Unschuldiger während des Krieges. Kummer kann aber auch zu einer Lebensweise werden, zu einem ständigen Ungleichgewicht in der Körperchemie, das durch den Mechanismus der Verdrängung geschaffen wird.

Wenn Verdrängung am Werk ist, weiß der Spieler, daß er einen Aspekt von sich selbst nicht sehen möchte. Sich mit diesem Aspekt zu konfrontieren, würde einen Identitätsverlust bedeuten: er müßte das Unannehmbare annehmen. Doch Unterdrückung schafft Schmerz, durch den sich die blockierte Energie zum Ausdruck bringt. Hier ist der Kummer die Schlange, die sich in den eigenen Schwanz beißt. Das Unausdrückbare auszudrücken, würde Schmerz und Verwirrung verursachen – und dies bedeutet Identitätsverlust. Es nicht auszudrücken, führt ebenfalls zu Leid, Verwirrung und Identitätsverlust.

Im Sadhana, dem Einhalten einer spirituellen Disziplin, kann Kummer sich aus dem Gewahrsein der Trennung zwischen Schüler und Gottheit ergeben. Das dritte Chakra ist die Ebene der Identifikation. Der Aspirant sucht sich mit seiner Gottheit zu identifizieren. Wiederholtes Versagen bringt Kummer mit sich.

Der Spieler wird sich des Göttlichen bewußt und sehnt sich nach nichts Anderem mehr, als diese Göttlichkeit in sich selbst zu verwirklichen. Doch die Trennung scheint ein unüberbrückbarer Abgrund zu sein. Der Spieler sieht die Erst- und Zweit-Chakra-Probleme, die immer wieder seine Energie zunichte machen. Er spürt das Göttliche, fühlt sich aber unwürdig und nicht fähig, es zu erfahren.

Aber es gibt einen Ausweg, und Selbstloses Dienen, das nächste Feld, gibt zu Hoffnung Anlaß.

27 Selbstloses Dienen
Parmarth

Wohltätigkeit ist eine Handlung, die man oft oder weniger oft ausführt. Selbstloses Dienen dagegen ist eine Haltung, eine Seinsweise. Parmarth heißt Leben ohne Ich, aber doch in Harmonie mit der Welt, in der man seine Aufgabe erfüllt. Das Bewußtsein des Augenblicks bleibt gegenwärtig.

Parm heißt das Höchste. Arth heißt Sinn, das Ziel, auf das hin eine Handlung getan wird. Was für das Höchste getan wird, ist Parmarth. Das Höchste kann Gott bedeuten oder eine Sache, der der Spieler seine Existenz weihen will. Es ist die Hingabe des Ich an etwas Höheres.

Wenn jemand seine Rolle im Spiel versteht und weiß, daß das individuelle Ich nur ein Vehikel für die Verwirklichung des Höchsten ist, hört alles, was er tut, auf, ihn zu kümmern. Er tut nur seine Pflicht, spielt seine Rolle in diesem Spiel. Er weiß nicht, was bei seinen Handlungen schließlich herauskommen wird. Wenn jemand seine Pflicht tut, ohne an Recht und Belohnung zu denken, wird er selbstlos. Und dann sind alle seine Handlungen Parmarth.

In Parmarth zu leben ist nur möglich, wenn der Spieler realisiert, daß Recht der Pflicht folgt, daß Belohnungen die Früchte des Tuns sind. Pflicht und Ehre (Belohnungen) sind Nebenprodukte des Spiels, nicht dessen Endziel. Solange der Spieler in einem Körper mit den fünf Handlungsorganen existiert, sind Karmas unvermeidlich.

Die Entscheidung geht darum, ob man sich um Belohnung und Bestrafung, Ehre und Erniedrigung, kümmern will, oder ob man sein Leben dem Verständnis der Natur des Spiels widmen will und einfach fortfährt, seine Pflicht zu erfüllen, was auch immer geschehen mag.

Niemand vermag über Belohnungen zu bestimmen; es gibt unzählige Faktoren, die den Ausgang jeder Situation mitbestimmen. Was immer herauskommt, ist das zur Zeit Mögliche. Wenn man keine Hoffnungen und Wünsche hat, wird jeder Moment erfolgreich. Wenn man die falschen Vorstellungen von Gewinn und Verlust hinter sich läßt, tritt man ein in die Ebene des Selbstlosen Dienens.

Selbstloses Dienen ist ein Pfeil, der den Spieler zur Menschlichen Ebene hinaufhebt. Seine Pflicht in der rechten Weise erfüllen und sich dem hingeben, was getan werden muß, führt zum Verlust der Identifikation, wodurch sich das größte Problem des dritten Chakras auflöst. Das Individuum existiert nicht mehr als ein gesondertes Wesen; es wird zum Teil eines größeren Ganzen.

Beispiele dieses Selbstlosen Dienens im dritten Chakra können in Organisationen gefunden werden – einer der wichtigsten Ausdrucksformen auf der Himmlischen Ebene. Wohltätige Institutionen, Hilfsstiftungen, berufsmäßiger Freiwilligendienst usw. sind Formen des Selbstlosen Dienens. Als Beispiele Selbstlosen Dienens können wir das Leben von Albert Schweitzer, Martin Luther King oder Mahatma Gandhi betrachten.

Selbstloses Dienen ist die letzte Ebene, durch die der Spieler in der dritten Reihe des Spiels oder im dritten Chakra hindurchgehen muß. Nun geht er auf die Ebene des Gleichgewichts, das heißt der frommen Hingabe und des Glaubens.

Vierte Reihe
Das Erlangen des Gleichgewichts

28 Geeignete Religion
Sudharma

Sudharma, geeignete Religion, heißt, diejenige Handlungsweise anzunehmen, die dem Selbst des Spielers am besten entspricht. Sudharma heißt in Harmonie mit den Regeln des Spiels zu leben. Es ist diese Handlungsweise, die es dem Spieler erlaubt, zu würfeln, ohne sich darum zu kümmern, wo er landet.

Sudharma heißt wörtlich: eines Menschen eigenes Dharma. Was ist jemandes Dharma? Was soll man tun? Wenn Dharma Verhaltensregeln sind, dann sollte doch Dharma für alle gleich sein. Dann muß kein Mensch denken, sondern nur der allgemeinen Lebensweise folgen. Aber Menschen sind keine Maschinen. Sie haben individuelle Verschiedenheiten, und diese Verschiedenheiten sind die Produkte unzähliger Faktoren.

Die Menschen werden nicht alle zur selben Zeit geboren. Noch haben alle dieselben Eltern. Elternhaus, Umgebung, Atmosphäre, Länge und Breite, geographische, anthropologische und soziologische Bedingungen sind von Individuum zu Individuum verschieden. Alle werden mit einer Reihe von Fähigkeiten und Unfähigkeiten geboren. Ideal ist keine Realität. Keiner kann vollständig darin aufgehen, im Einklang mit dem Gesetz des Dharma zu leben, so wie das eine bestimmte Religion oder ein bestimmter Mensch vorschreibt. Jeder muß seine eigene Rolle verstehen, die er in diesem Spiel spielt. Er muß seinen eigenen Weg zur Befreiung gehen. Aufstieg und Fall im individuellen Leben bestimmen den Lauf des Spiels.

Sudharma heißt, die Überzeugung hochhalten, daß man sich immer weiterentwickelt, ohne dabei von unfairen Mitteln Gebrauch zu machen. Sudharma heißt an die Befreiung, an die Einswerdung mit dem Kosmischen Bewußtsein glauben. Sudharma bedeutet, nicht dem Aufstieg und Fall von Maya verhaftet zu sein. Wenn der Spieler ein Musiker ist, wird er sein Sudharma in der Musik finden, wenn er ein Maler ist, wird er es durch das Malen finden. Es gibt insgesamt sieben psychische Zentren, auf deren Schwingungen man eingestellt ist. In dem Zentrum, wo sich der Spieler am wohlsten fühlt, sollte er neue Energiemuster zu entwickeln versuchen. Das ist das einzig richtige Sudharma. Alle religiösen Verhaltensregeln sind nur äußerliche Hilfen für die Aufgabe, das eigene wahre Wesen, das eigene Sudharma zu verstehen. Wenn der Spieler sein Sudharma einmal zu verstehen beginnt, wird Religion zu einer inneren Angelegenheit. Rituale verlieren ihre Bedeutung. Das Leben selbst wird zu einem Akt des Gottesdienstes. Der Spieler ist nun bereit, auf die Ebene der strengen Einfachheit überzugehen.

Bis der Spieler ins vierte Chakra gelangt, ist Dharma ein bedeutungsloser Ausdruck. Im dritten Chakra muß er sich noch mit einer Gruppe oder einer Ideologie identifizieren, während er sich im zweiten mit seinen Sinnen identifiziert und im ersten mit seiner Fähigkeit, das physische Überleben sicherzustellen.

Im dritten Chakra erreicht er Verständnis für Karma, Wohltätigkeit, den Dharma-Aspekt, den man Ethik nennt, für gute und schlechte Gesellschaft, für Buße, Lebenskummer und selbstloses Dienen. Aber das Verständnis seiner eigenen Rolle in diesem Spiel beginnt erst, wenn er im vierten Chakra, in Sudharma, landet. Sudharma führt ihn zur Ebene der Strenge, zur harten Buße und zur Arbeit an sich selbst. Wenn er dem Weg des Sudharma folgt, führt ihn das direkt zur sechsten Reihe des Spiels, zum sechsten Chakra.

29 Irreligiosität
Adharma

Der Spieler, der in Sudharma landet, entdeckt seine wahre Rolle im Spiel und spielt sie ohne Rücksicht auf den Ausgang seiner Handlungen. Er weiß, daß er, solange er auf seinem Weg der Stimme seines inneren Wesens folgt, nichts zu befürchten hat.

Glaube im Einklang mit den Gesetzen der Natur ist Sudharma. Blinder Glaube, der die kosmischen Prinzipien mißachtet, führt zu Adharma. Adharmas sind die Handlungen, die dem Dharma des Individuums zuwiderlaufen. Adharmas führen ihn weg von seinem wahren Weg und zurück ins erste Chakra, zum Wahn, der das Wesen des blinden Glaubens ist.

Adharma wirkt den Gesetzen des Lebens entgegen. Bei Sonnenaufgang verändert sich alles auf dem Planeten. Winde, atmosphärischer Druck und Temperaturen verändern sich. Das Tempo des Lebens wird schneller. Um diese Zeit zu schlafen, heißt im Gegensatz zu den Gesetzen des Planeten zu handeln. Deshalb ist das Adharma.

Die natürlichen Rohstoffquellen der Erde auszuplündern, ohne die negativen Wirkungen auf die Umwelt und die Zukunft des Planeten zu berücksichtigen, ist Adharma der Erde gegenüber. In einer ähnlichen Art gibt es auch Adharmas der eigenen Physiologie gegenüber. Spannung zu behalten statt sie zu lösen, ist Adharma. Aber sie unter Verwendung unlauterer Mittel zu lösen ist größeres Adharma.

Adharma existiert nicht für sich allein. Es ist eine Negation des Gesetzes von Dharma, eine Handlung, die im Gegensatz zur wahren inneren Natur steht. Sein eigenes Ich zu verleugnen ist Adharma. Selbstverneinung und Selbstlob sind beide Adharmas. Die eigene Position im Spiel zu verstehen ist Sudharma. Alles andere ist Adharma.

Adharma kann man am besten als ein Ungleichgewicht zwischen den drei grundlegenden kosmischen Grundkräften, den drei Gunas, verstehen, die für alle Erscheinungen verantwortlich sind. Wenn entweder Sattva (bewußte Energie), Tamas (Trägheit) oder Rajas (Bewegung) überwiegt, entsteht Adharma. Selbstzerstörung ist das größte Adharma; sie ist eine Schlange, die den Spieler zum Wahn, dem Eingangsfeld des Spiels zurückbringt.

Die Gefahr, Adharma zum Opfer zu fallen, ist im vierten Chakra, der vierten Reihe des Spiels, am größten. In den ersten drei Chakras war die Energie der Physischen, der Himmlischen und der Astralen Ebene zugewendet. Im vierten Chakra erreicht der Spieler einen gewissen Grad an Gleichgewicht und beginnt die Bedeutsamkeit der Geeigneten Religion zu verstehen. Während er nach seiner eigenen Rolle im Spiel sucht, ist es möglich, daß er die bestehenden Dharmas ignoriert und versucht, sich seinen eigenen Weg zu schaffen, indem er die Gesetze des Planeten und des Lebens ignoriert. Hier ist der Glaube der Schlüssel.

Glaube ist die Essenz des vierten Chakras – Glaube, liebende Hingabe, Bhakti. Dieser Glaube kann den Spieler, wenn er in Harmonie mit Sudharma handelt, zur Ebene des Ernstes führen. Wenn das nicht im Einklang mit seinen innersten Schwingungen geschieht, kann es ihn zurück in den Wahn bringen. Das ist Adharma. Aufgrund von Glauben allein zu handeln, kann leicht zu Irreligiosität führen. Glaube allein, ohne Verwurzelung in den Gesetzen der Existenz, ist blinder Glaube und die häufigste Ursache von Energieverlust auf dieser Ebene. Glaube im Einklang mit den Gesetzen der Existenz ist Sudharma. Glaube allein ist Adharma.

30 Gute Tendenzen
Uttam Gati

Uttam heißt gut; Gati ist Bewegung. Gute Tendenzen fließen spontan, wenn sich der Spieler in Harmonie mit den Gesetzen des Makrokosmos bewegt. Solange der Spieler noch auf niedrigere Schwingungen eingestellt ist, entwickeln sich keine Guten Tendenzen. Sie sind hier im Herz-Chakra, in der vierten Reihe des Spiels zu finden. Erst wenn der Spieler in sich selbst einen gewißen Grad an Gleichgewicht erreicht hat, können Gute Tendenzen spontan entstehen. Dieses Gleichgewicht befähigt den Spieler, seine eigene Schwingungszahl auf diejenige des Kosmos abzustimmen. Gute Tendenzen sind Bewegungen in Richtung auf eine immer feinere Einstimmung.

Im vierten Chakra spielen Herz und Atem eine bedeutungsvolle Rolle. Wenn er auf Gute Tendenzen landet, gewinnt der Spieler die Kontrolle über seinen eigenen Atemrhythmus und gleichzeitig über seinen Herzschlag. So helfen Gute Tendenzen, die Entwicklung des vierten Chakras zu stabilisieren, und der Atem steht in direkter Beziehung zu den Guten Tendenzen.

Jede Richtungsänderung (Änderung der Tendenz) wird durch Prana – die Lebenskraft, die psychische Energie oder den «élan vital» – registriert. Auf der grobstofflichen Ebene wird dies als Veränderung in der Atmung erfahren. Jedes falsche Atmungsmuster ist eine Schwächung des Organismus. Aus diesem Grund schafft der Spieler, sobald er seinen Atmungszyklus stört, in sich selbst gleichzeitig schlechte Schwingungsfrequenzen. Gute Tendenzen sind eine Einrichtung, die dem Spieler hilft, in der richtigen Schwingung zu bleiben. Sie können durch die Beobachtung des eigenen Atmungsmusters erkannt werden.

Die besten Tendenzen sind diejenigen, die den Spieler noch enger mit den Schwingungszyklen des Planeten und des Kosmos verbinden. Man beginne damit, die Veränderungen in sich selbst bei Sonnenuntergang und bei Sonnenaufgang zu beobachten. Man stehe rechtzeitig vor der Dämmerung auf, um noch duschen und frische Kleidung anziehen zu können, und mache seine Sonnenaufgangsmeditation. Andere Gute Tendenzen sind zum Beispiel, kein Fleisch und keine Eier mehr zu essen, Hatha-Yoga-Asanas (Körperstellungen) zu praktizieren, die Atmung zu regulieren (siehe bei den Lokas von Prana, Apana und Vyana), zu fasten und ein gewissenhaftes Studium der spirituellen Schriften und aller Tugenden, die in diesem Spiel enthalten sind.

Das Üben der Guten Tendenzen hilft dem Spieler, seine Existenz zu festigen, so daß sie rhythmisch in positive Richtungen fließt; weg von den energieraubenden Ablenkungen der niederen Chakras.

31 Heiligkeit
Yaksha-Loka

Der Spieler, der auf der Ebene der Heiligkeit landet, erfährt die Göttliche Gnade durch das Verständnis und die Erkenntnis der kosmischen Prinzipien. Heiligkeit ist ein direktes Resultat von Guten Tendenzen. Es ist das Viert-Chakra-Gefühl des Einsseins mit der Gegenwart des Göttlichen und die Fähigkeit, die Göttliche Gnade in allem, was existiert, wahrnehmen zu können. Hier überschreitet das Einssein die Ebene des bloß intellektuellen Verstehens und wird zu einem realen Teil des täglichen Lebens.

Yakshas waren himmlische Wesen. Gemäß der Hindu-Kosmologie ist die Schöpfung in sieben Klassen von Wesen unterteilt: Devas, Yakshas (oder Kinaras), Gandharvas, Manushyas, Asuras (oder Rakshas), Bhutas und Pishatshas.

Pishatshas verkörpern den niedrigsten Grad von Bewußtsein, dessen Wesen Gemeinheit und Gewalt ist. Dann kommen die Bhutas oder Geister, das heißt entkörperte Wesen, die unfähig sind, sich von der Ebene der irdischen Existenz zu lösen, und die in der Vergangenheit leben. Dann kommen die Asuras: Wesen, die nicht an ethische Verhaltensregeln glauben und ständig nur die Befriedigung ihrer Sinne suchen – «Wein, Weib und Gesang». Die nächsten sind die Manushyas, die an das Gesetz des Karma und an die Verantwortung für die Folgen ihrer Taten glauben. Sie haben ein Bewußtsein von der Zukunft und dem Wesen der Befreiung. Dies ist die Ebene der menschlichen Existenz. Dann kommen die Gandharvas, die in ihrem Bewußtsein ganz auf den Gottesdienst hin orientiert sind und in Harmonie mit der göttlichen Musik leben. Die Gandharvas widmen ihr Leben der Erhebung allen Seins durch Klang und Musik. Dann kommt die Klasse der Yakshas, das heißt einer Art von Bewußtsein, das auf dem Erkennen und Verstehen der kosmischen Prinzipien und der direkten Erfahrung der göttlichen Prinzipien gegründet ist. Schließlich folgen die Devas, die reinen Energieformen der Götter selbst.

Wenn der Spieler in Yaksha-Loka landet, wendet er sich Fragen über die Natur der Göttlichen Existenz zu. Er sucht die Verbindung zwischen dem Göttlichen und seinem täglichen Leben. Erst wenn er das vierte Chakra erreicht, kann er diese Göttlichkeit auf der Erfahrungsebene erreichen. Vorher war sie nur eine abstrakte Vorstellung. Dieses Interesse für das Göttliche und dessen Anwesenheit in allem, was existiert, dieses Verlangen, der Wirklichkeit zu begegnen, wird zum zentralen Anliegen des Spielers.

32 Gleichgewicht Maha-Loka

Maha- oder Mahar-Loka ist das vierte Loka der sieben Ebenen der Existenz. Dieses Loka soll in der Nacht Brahmas, des Schöpfers, vergehen. Die ersten drei Lokas sind jene, in denen das individuelle Bewußtsein, Jiva, im Laufe seiner Evolution lebt und dem Rad von Geburt und Tod unterworfen ist. In diesem vierten Loka herrscht wiederum das Feuerelement vor, hier aber ist es nicht so elegant wie im Swarga-Loka, wo die Körper derjenigen, die sich dort aufhalten, strahlen und aufleuchten. Hier befindet sich der Spieler über der physischen Ebene, der Ebene der Wünsche und der Gedanken. Das individuelle Bewußtsein wird durch Wünsche (Kama) und Gedanken gefärbt, aber jetzt, da der Spieler den Zustand der Wunschlosigkeit und Abwesenheit von Gedanken erreicht hat, hat er die dritte Ebene durchschritten und die vierte erreicht, die beständig unsichtbare Welt. Jene, die sich hier aufhalten, sind nicht vollständig von der Seelenwanderung befreit, jedoch werden sie nicht in diesem Schöpfungszyklus wiedergeboren werden, weil sie sich im Gleichgewicht befinden.

Drei Zentren darüber, drei darunter machen diese Ebene, die Ebene des Herz-Chakras, zum Gleichgewichtspunkt der Wirbelsäule des Spiels. Von hier aus fließt Energie zu den ersten drei Zentren hinunter und zu den drei höheren Ebenen des Seins hinauf. Hier befindet sich das Zentrum, wo männliche und weibliche Energie im Gleichgewicht sind. Der Spieler, der auf die Schwingung des vierten Chakras eingestellt ist, spricht aus dem Herz.

Der Spieler erreicht Maha-Loka durch den Pfeil der Wohltätigkeit oder über Gute Tendenzen und über die Ebene der Heiligkeit. Hier sind die Begierden der niederen Chakras gestillt, und die Energie erschöpft sich nicht länger im Verfolgen niedriger Ziele. Vom Herzen aus beginnt die Energie nun aufwärtszufließen.

Hier kommt der Spieler jetzt auch über das rein intellektuelle Verstehen der Göttlichkeit hinaus, welches das dritte Chakra kennzeichnet; ihm erschließt sich die unmittelbare Erfahrung des Göttlichen in ihm selbst. Wegen dieser Wahrnehmung der Einheit mit dem Absoluten wurde diese Ebene auch die Ebene des kosmischen Geistes genannt.

Das Herzzentrum wurde lange Zeit als wichtigster Sitz des Gefühls im Körper angesehen. Das Herz ist die Wohnung des emotionalen Selbst. Die Yogaphysiologie schreibt es dieser Tatsache zu, daß sich die endokrine Thymusdrüse in der Herzgegend befindet. Diese Drüse ist verantwortlich für den Fluß der elektrischen Energie im Körper; und die Sinneswahrnehmungen sind ihrem Wesen nach grundsätzlich elektrischer Natur.

Jede Veränderung der Gefühlslage wird vom Herzen registriert, und das Muster des Herzschlags bestimmt die Körperchemie. Jede Veränderung der Körperchemie wird vom Geist als eine bestimmte Art von Gefühl oder Emotion verstanden.

Aus diesem Grund ist das Herz mehr als nur eine Maschine, die reines Blut in den Körper pumpt und schlackenbeladenes Blut zu den Lungen zurücktransportiert. Es ist auch ein Gefühls- oder ein psychisches Zentrum. Die Sufi-Tradition weist auch darauf hin, wie wichtig es sei, das Herz-Chakra durch Liebe, Mohabat, zu öffnen. Jede Dichtung ist von Herz erfüllt, das heißt von seinen Schwingungen, seinen verschiedenen Gefühlen. Hier auf dieser Ebene beginnt die Dichtung, die eine Verwandlung des Persönlichen ins Überpersönliche bedeutet. Dieses Zentrum ist auch die Quelle aller transpersonalen psychischen Erscheinungen.

Der Spieler fühlt sich nun entspannt, auf welchem Weg er auch hierhergekommen ist. Seine Hände fangen von selbst an, die Gesten (Mudras) zu machen, welche den Energiefluß durch den Organismus ins Gleichgewicht bringen helfen. Sein Herz füllt sich mit dem Geist der Hingabe, Bhakti. Er ist nun in der Lage, sich mit dem Rest der Schöpfung zu identifizieren und auf diese Weise einen Zustand der kosmischen Einheit herbeizuführen.

Auf der gröberen Verhaltensebene manifestieren sich zärtliche Gefühle und ein Sinn für Ästhetik. Der Klang der Stimme wird weicher und sanfter, denn der Spieler beginnt jetzt buchstäblich aus dem Herzen zu sprechen. Ihr Klang dringt in die Herzen anderer, und so zieht er, ohne jegliche Ausübung von Macht, eine Gruppe von Bewunderern an, die nach derselben Art von Schwingungsmustern streben.

Das Symbol der Ebene des Gleichgewichts ist ein sechszackiger Stern, der sich aus zwei gleichseitigen Dreiecken zusammensetzt, wovon das eine nach oben, das andere nach unten zeigt. Das aufwärtsgerichtete Dreieck dieses Davidssterns, unter welchem Namen er im Westen bekannt geworden ist, bedeutet die männliche Energie, das abwärtsgerichtete die weibliche. Dieses Symbol steht also für das Gleichgewicht zwischen den zwei Energien, das der Spieler auf dieser Schwingungsebene erreicht hat.

Die Hindu-Kosmologie kennt vierzehn Hauptebenen, Lokas, von denen sieben oberhalb der Erde sind. Das sind die Ebenen der sieben Chakras, welche das Rückgrat dieses Spieles bilden, wie auch das physische Rückgrat des Spielers selbst.

Die erste ist Bhu-Loka, die Physische Ebene. Die nächste ist Bhuvar-Loka, die Astrale Ebene, die dritte ist Swarga-Loka, die Himmlische Ebene. Die vierte Ebene ist die Ebene des Gleichgewichts, Maha-Loka. Jana-Loka, die Menschliche Ebene, ist das fünfte Loka, gefolgt von Tapah-Loka, der Ebene des Ernstes und der Strenge, und Satya-Loka, der Ebene der Realität.

Die unteren Regionen von der Erdoberfläche abwärts sind: Atal-Loka, Vital-Loka, Sutal-Loka, Rasatal-Loka, Talatal-Loka, Mahatal-Loka und Patal-Loka.

Im täglichen Hindu-Gottesdienst (Sandhya) rezitiert der Gläubige ein Mantra (Betgesang), welches jedes der sieben Haupt-Lokas aufzählt. Während er den Namen jeder Ebene ausspricht, berührt er den Körperteil, mit dem diese in Verbindung gebracht wird. Mit der befeuchteten Spitze des rechten Ringfingers berührt er die Mitte zwischen Anus und Genitalien, den Sitz der Kundalini, während er Om Bhu singt. Dann singt er Om Bhuvah und berührt die Wurzel der Genitalien, den Sitz des zweiten psychischen Zentrums. Während er Om Swah singt, berührt er den Nabel. Om Maha intoniert er, wenn er sein Herz berührt, Om Jana während er den unteren Halsansatz berührt, Om Tapah bei der Berührung des dritten Auges, des Punktes in der Mitte zwischen den Augen und etwas über den Augenbrauen. Bei der Berührung des Scheitels schließlich intoniert er Om Satyam.

33 Wohlgeruch
Gandha-Loka

Gandha heißt Geruch, und der Geruchssinn steht in Beziehung zur Erde und zur Physischen Ebene. Wenn der Spieler einmal die vierte Ebene erreicht hat, verwandelt sich die Natur dieses Sinnes, der zum Symbol des Göttlichen wird – mit einer starken emotionellen Färbung. Es gehört zu Sudharma, daß der Fromme der Gottheit Wohlgerüche darbringt, entweder in Form von Blumen oder von Räucherwerk. Deshalb enthält das vierte Chakra die Ebene des Wohlgeruchs, Gandha-Loka.

Im ersten Chakra wird der Spieler vom Geruch von Öl, Benzin oder Alkohol angezogen. Im zweiten Chakra läßt er sich durch stark riechende synthetische Produkte anregen. Im dritten Chakra dominieren diese künstlichen Gerüche noch immer, nur sind sie jetzt viel kostbarer. Wenn der Spieler die Ebene des Gleichgewichts erreicht hat, begreift er, wie oberflächlich das Anorganische ist und vermeidet stechende künstliche Gerüche.

In Gandha-Loka erfährt er in der Meditation die Göttlichen Wohlgerüche. Die Evolution der Energie bewirkt eine Veränderung in der Körperchemie, der Organismus hört auf, schlechte Gerüche zu produzieren und strömt statt dessen, ähnlich wie Lotusblüten oder Sandelholz, einen Wohlgeruch aus.

Damit der Sadhak oder Schüler die Gerüche seines eigenen Organismus kennenlernen kann, muß er aufhören, für seinen Körper künstliche Duftstoffe zu verwenden. Sobald sein Körper nicht mehr schlecht riecht und auch sein Stuhl, sein Schweiß und sein Atem keine schlechten Gerüche mehr produzieren, weiß er, daß seine Energie das dritte Chakra überschritten hat und er auf der Ebene der Wohlgerüche angelangt ist.

Jetzt gibt er nur noch Göttliche Gerüche. Der Spieler hat ein für allemal schlechte Gerüche aus seinem Organismus eliminiert.

34 Geschmack
Rasa-Loka

Wenn der Geschmackssinn in den niederen Chakras vor allem eine Art des sinnlichen Wahrnehmens war, so wird er nun im vierten Chakra gereinigt – er wird zum Geschmack im ästhetischen Sinne. Jemand, der auf dieser Ebene landet, ist fähig, in die Welt der Ideen und Bedeutungen einzudringen. Dadurch kommt der Spieler zu einem direkten Erfahrungswissen über das Wesen von Emotionen und Empfindungen.

Rasa heißt Liebe, Genuß, Anmut, Freude, Empfindung, Geschmack, Gefühl, Schönheit, Leidenschaft, Geist. Rasa ist die poetische Empfindung, das Wesen der Dichtung. Rasa ist Wasser in seiner reinsten Form, die Kraft, die alles Geschaffene verbindet.

Bis zum dritten Chakra ist der Geschmack – in allen seinen Bedeutungsschattierungen – Aktivitäten der niedrigeren Ebene zugewandt. Im ersten Chakra wird der Geschmackssinn völlig vom Streben nach Geld beherrscht. Kraftnahrung (besonders Fleisch) und vorpräparierte Nahrung (Bequemlichkeitsprodukte) sind die Grundlage der Ernährung des Spielers. Er verwendet viel Salz und Gewürze in seinem Essen.

Im zweiten Chakra werden die Energien in die Sinnlichkeit, besonders in Sex, gelenkt. Hier interessieren den Spieler Nahrungsmittel, die sexuelle Kraft bringen, wie Eier, Ginseng und Fisch. Im dritten Chakra frönt er dem Geschmack als Selbstzweck und ißt die Nahrungsmittel ihres verschiedenen Geschmacks und ihrer unterschiedlichen Beschaffenheit wegen.

Aber im vierten Chakra, der Herzebene, wird der Geschmackssinn rein, und der Spieler entwickelt einen Sinn für Ästhetik. Er läßt salzigen und süßen Geschmack weg, um das wahre Wesen der Nahrungsmittel, die er zu sich nimmt, verstehen zu lernen.

Wenn der Spieler einmal auf der Ebene des Geschmacks landet, vervollkommnet sich sein Geschmackssinn in jeder Beziehung. Sein Geschmack im Essen, in der Musik und in der Unterhaltung gefällt allgemein, wie verschieden die Schwingungsebenen auch sein mögen. Der Spieler wird zu einem Meister des guten Geschmacks, der von allen geschätzt wird. Aus diesem Grund fühlt sich eine Gruppe von Bewunderern, die dieselbe Schwingungsebene erreichen möchten, zu ihm hingezogen.

35 Fegefeuer
Narka-Loka

Bis der Spieler die Ebene des Herz-Chakras erreicht, fehlt ihm das Verständnis für Sudharma, die Geeignete Religion. Ohne Sudharma ist Handlungsfreiheit unmöglich. Sobald der Spieler Handlungsfreiheit gewinnt, ist er für die Früchte seiner Handlungen verantwortlich. Narka-Loka ist der Ort, an dem er diese Konsequenzen auf sich nimmt.

In der Hindu-Kosmologie ist Narka eine Ebene, die sich in der Mitte zwischen Himmel und Erde befindet. Der Spieler muß sieben Schichten von Narka-Loka durchqueren, bevor er den Himmel erreicht. Seine Karmas sind das Fahrzeug, das ihn auf die Schwingungsebene der Narkas bringt. Nach dem Durchgang durch diese Narkas ist der Spieler, wenn er gute Karmas vollbracht hat, dazu vorbereitet, in den Himmel zu gehen.

Der Herr von Narka ist Yama, der als Dharmarasha oder als «Herr des Todes» bekannt ist. Gewalttätigkeit führt den Spieler ins Fegefeuer, das heißt auf äußerst schmerzhafte Schwingungsebenen. Jede Handlung trägt Frucht. Das ist das Gesetz von Karma, das unumgänglich ist, solange der Spieler eine physische Existenz aufrechterhält. Wenn der Spieler durch schlechte Karmas in Narka-Loka gelandet ist, ist er durch karmische Fesseln an diese Ebene gebunden. Aber das ist keine Bestrafung, sondern eher eine Reinigung. Dharmarasha, der Herr von Narka, ist nicht persönlich am Leiden irgendeines Spielers interessiert. Er ist kein sadistischer Teufel. Vielmehr ist es seine Aufgabe, falsche Frequenzen richtigzustellen, so daß in der Zukunft eine Weiterentwicklung dieser Seele stattfinden kann.

Narka ist auch das Herz-Chakra selbst. Festhalten an Gefühlen sowie das Gefühl des Festhaltens selbst, ist Narka. Negative Schwingungen sind Narka, und Menschen, die auf negative Schwingungen eingestellt sind, schaffen Narkas im eigenen Heim, in der Familie, in ihrer Nachbarschaft, ihrer Stadt, ihrem Land und in der ganzen Welt – je nach ihrer Macht.

Der Spieler, der ohne ein Verständnis des vierten Chakras in Narka-Loka landet, sieht das als ein Versagen und nicht als ein Zeugnis negativen Karmas an. Erst im vierten Chakra wird das Verstehen negativen Karmas auf der Erfahrungsebene möglich. Narka-Loka wird da nicht als Resultat persönlichen Ego-Versagens gesehen, sondern als Zeichen aufgefaßt, daß die Handlungen noch unvollkommen sind und einer Verbesserung bedürfen. Im vierten Chakra tritt ein wertfreies Erkennen in Erscheinung.

36 Klarheit des Bewußtseins
Swatch

Bewußtseinsklarheit ist das Licht, das den Spieler während seines Übergangs von der vierten zur fünften Reihe des Spiels, wo der Mensch zum Menschen wird, erleuchtet. Im Sanskrit bedeutet Swatch klar, rein, transparent. Diese Transparenz entsteht dadurch, daß der Spieler im Fegefeuer von den Trübheiten schlechter Karmas gereinigt wird.

Transparenz setzt dem Durchgang des Lichts keinen Widerstand entgegen. Wenn Zweifel geklärt werden, löst sich der Dunst des blinden Intellekts zugunsten des starken, klaren Lichts des inneren Fühlens auf. Das intellektuelle Verstehen, das bis zum dritten Chakra dominiert, beherrscht das Bewußtsein nicht mehr. Die Vernunft wird hier als ein Leiden, als eine Krankheit des Bewußtseins betrachtet.

Wenn das Bewußtsein sich mit dem Verstand identifiziert, leidet es an der Krankheit Vernunft, den Ketten des Intellekts. Durch liebende Hingabe und richtigen Glauben wird die Krankheit überwunden, und der Spieler tritt ins Reich des Seins ein.

Wenn der Spieler hier landet, wird er Swatch – klar, rein, transparent. Die Zweifel, die ihn befielen, brachten ihn ins Fegefeuer und in die Irreligiosität. Aber durch diese Erfahrungen gewann er ein Verständnis vom Wesen des Sudharma. Er hat Gute Tendenzen entwickelt und sein Leben geheiligt. Er hat auf der Ebene des Wohlgeruchs und des Geschmacks gewohnt und ist jetzt bereit, sich der aufwärtsfließenden Energie des fünften Chakras anzuschließen.

Fünfte Reihe
Der Mensch wird sich selbst

37 Jnana

Wissen um das Rechte und Einsicht in die geeigneten Mittel, es im täglichen Leben zu verwirklichen, sind die zwei wesentlichen Attribute von Jnana. Jnana (wird Dshyana ausgesprochen) ist eine erhebende Kraft, ein Pfeil, der den Spieler zur achten Reihe auf die Ebene der Wonne bringt, die sich jenseits der sieben Chakras befindet. Der Spieler, der seine Rolle im Spiel sowie die ihr entsprechende Handlungsweise versteht, lebt in der Wonne.

Der Spieler kann diese Weisheit erst nach der Erfahrung der Bewußtseinsklarheit realisieren. Erst wenn er keine Werturteile mehr fällt, kann die Verwandlung der Energie stattfinden, die ihn ins fünfte Chakra emporhebt.

Jnana ist nicht Befreiung. Der Spieler muß sich immer noch von all den Dingen befreien, die seinen Geist trüben. Aber er weiß jetzt, daß die Hindernisse beseitigt werden können und daß das Kosmische Bewußtsein ein erreichbares Ziel ist. Einige Hindu-Philosophen sehen Jnana als den direkten Weg zum Kosmischen Bewußtsein an. Aber in diesem Spiel führt es zur Wonne. Der Spieler muß noch die Ebene der Kosmischen Güte realisieren und benötigt eine Zwei, um dem Zyklus der Wiedergeburt zu entrinnen. Aber daran ist auch nichts falsch. Er kann zur Erde zurückkehren und das Spiel noch einmal spielen.

Jnana ist somit Bewußtwerdung und nicht Verwirklichung. Jnana ist das Verstehen der Daseinsgesetze und das Gewahrwerden eines Mittels, um mit ihnen in Übereinstimmung zu kommen. Das vierte Chakra hat bereits das Gleichgewicht herbeigeführt. Das Bewußtsein ist geklärt. Ein wirkliches Eindringen in die Welt der Ideen kann nun stattfinden.

Der Spieler hört auf, an den Formen des Ausdrucks zu haften, und es zieht ihn zum Wesen, zum Prozeß der Einsicht und des Klarblicks. Alte Beziehungen werden in eine völlig neue Perspektive gerückt, wenn man sie im klaren Licht des durchlässigen Bewußtseins betrachtet. Die Ursache der Knechtschaft ist Maya. Die Ursache der Befreiung von Maya und der Erfahrung von Wonne ist Jnana.

Solange der Spieler sich als ein individuelles, unabhängiges Wesen betrachtet, hat er Karmas. Und das ist die Ursache der Knechtschaft. Jnana macht ihm klar, daß er es sich durch eine Begrenzung des Spielraums des Karma ermöglichen kann, sich in der Wonne anzusiedeln. Das ist die Einsicht in das Spiel.

In den ersten drei Chakras hat sich der Spieler in den Bereichen von Wahn, Fantasie und Macht verloren. Jedesmal, wenn der Verlauf eines Ereignisses in ihm die Hoffnung geweckt hatte, blieb er am Ende doch müde und schmerzerfüllt zurück. Schließlich begann er im vierten Chakra ein Gefühl für das Gleichgewicht in sich selbst zu entwickeln. Dann begab er sich mit der Bewußtseinsklarheit in den Aufwärtsfluß der Energie, was ihn vom vierten ins fünfte Chakra brachte. Mit dem neu errungenen Gleichgewicht sieht er nun sein Ziel als erreichbar; er richtet sein Leben entsprechend seiner Einsicht in den Prozeß der Verwirklichung ein.

Jnana ist eine leere Seite. Alles, was auf ihrer Oberfläche geschrieben steht, ist nichts als die Illusion von Ahamkara, Ego. Die Illusion verwandelt sich ständig und ist deshalb vergänglich. Die leere Seite, die zurückbleibt, wenn die Schrift längst verblaßt ist, ist Jnana. Das ist die Weisheit, die den Spieler die karmische Schrift auf der leeren Seite verstehen läßt. Der Spieler beschreibt nun die leere Seite ganz nach seinem eigenen Gutdünken. Jnana möchte lediglich, daß sie unversehrt bleibe und so, wie sie übergeben worden war, auch wieder zurückerstattet wird.

Jnana ist im fünften Chakra am richtigen Platz, weil hier die Quelle dieser Milliarden von leeren Seiten ist, die die Essenz der religiösen Lehren der Welt darstellen. Im fünften Chakra wird die Kommunikation mit anderen Menschen zum Hauptinteresse. Der Spieler möchte die Essenz seiner eigenen Einsichten in das Spiel mitteilen – und realisiert gleichzeitig die Zwecklosigkeit der Aufgabe.

Es wäre in diesem Fall am weisesten gewesen, wenn man die leere Seite leer gelassen hätte. Aber sie enthält einen Pfeil. Und natürlich fühlt der Schreibende die Wonne dieser Erfahrung und kann gar nicht anders als sich ausdrücken. Wie auch Gott nicht anders konnte, als er sagte: «Es werde Licht.»

38 Prana-Loka

Prana ist der «élan vital», die Lebenskraft selbst. Im Sanskrit ist es gleichbedeutend mit Leben, und es ist auch der Name des Lebensatems, den wir mit jedem Atemzug einatmen. Prana ist auch der Name einer der fünf ‹Lüfte› im Körper. Als Körperluft befindet es sich in der Mundhöhle und ermöglicht der Nahrung, zum Magen zu gelangen. Es hat seinen Sitz normalerweise im Bereich zwischen Nasenlöchern und Lungen, und sein Platz in der Nähe des Herzens bewahrt das Leben vor der Vernichtung.

Prana hält die anderen Elemente des Körpers im Gleichgewicht und kontrolliert ihre Funktion. Mit der Hilfe von Prana sind wir fähig, uns zu bewegen, zu denken, zu sehen, zu hören. Von der Geburt bis zum Tod spielt Prana eine Schlüsselrolle in unserem Leben. Während es bei der Geburt die Luft ist, die die Energie für den Geburtsvorgang liefert, entzieht sie dem Körper beim Tod alle Lebensenergie, fließt damit weg und läßt ihn als leblosen Leichnam zurück.

Prana ist wie ein treuer Diener, der alle Wünsche seines Herrn erfüllt und dafür keine Belohnung verlangt. Wie ein wahrer Adept gibt es sich während vierundzwanzig Stunden dem Dienst am Selbst und am Bewußtsein hin. Doch Prana ist auch launenhaft. Die geringste Veränderung im Verhalten des Meisters hat ihre Auswirkungen auf sein Tempo und seinen Rhythmus. Ein guter Meister, der die Hingabe seines Dieners begreift, wird Prana dabei helfen, sich zu entwickeln. Die Methoden dazu werden «Pranayama» genannt – das ist eine der wesentlichsten Yoga-Disziplinen.

Im Yoga hat Prana eine erstrangige Bedeutung. Mit den Pranayama-Praktiken dirigiert der Yogi den Prana-Strom hinunter zum Becken-Nerven-Geflecht, wo es sich mit Apana vermischt, der ‹Luft›, die in den tieferen Eingeweiden residiert. Wenn Prana und Apana zusammen durch Shushumna, den zentralen Kanal der Wirbelsäule bis zum Scheitel, fließen, dann findet die Erfahrung von Samadhi statt – das Ziel aller Yoga-Praktiken.

Prana darf nicht mit Sauerstoff verwechselt werden. Die Energie auf der grobstofflich-physischen Ebene des Organismus wird vom Sauerstoff genährt. Prana dagegen ist das Leben, die Lebenskraft selbst, die die Existenz und die Funktion des grobstofflichen Körpers überhaupt aufrechterhält. Sobald Prana den Körper verläßt, hört das Leben auf. Aber nicht das Bewußtsein.

Um Prana zu verstehen, müssen Leben und Bewußtsein als zwei verschiedene Dinge gesehen werden. Das Leben ist ein Vehikel, durch welches sich das Bewußtsein manifestiert, und Prana ist die dynamische Energie des Lebens. Wenn das Leben aufhört, hört nicht auch das Bewußtsein auf. Das geht klar aus den vielen wohldokumentierten Fällen von Wiedergeburt hervor.

39 Apana-Loka

Während Prana die ‹Luft› ist, welche die Energie von außen durch die Lungen hereinbringt und Nahrungsenergie zum Magen befördern hilft, hat Apana eine entgegengesetzte Funktion. Apana heißt wörtlich abwärts und ist die ‹Luft›, die für die Ausscheidung von Energie aus dem Körper verantwortlich ist. Apana hält sich in den unteren Eingeweiden auf und ist auch die ‹Luft›, die das Kind aus dem Mutterschoß austreibt und Abwärtsentladungen von Energie bewirkt. Außerdem ist Apana für die Ausscheidung von Stuhl und Urin und für die Ejakulation verantwortlich.

Die Wichtigkeit von Apana wird im Westen kaum verstanden. Das Vorhandensein von Eingeweidegasen ist zwar anerkannt, aber sie werden nicht einmal als eine besondere Kategorie oder Klasse aufgeführt. Eine Unzahl von Patentheilmitteln für Zustände, die von Apana-Störungen herrühren, sind erhältlich, aber man versteht die Ursache dieser Zustände nicht.

Für die indische Medizin ist Apana ein großer Freund, der das Körpersystem reinigen hilft. Im Verdauungsprozeß werden durch die chemische Wechselwirkung zwischen Nahrungsstoffen und Verdauungssäften Gase frei. Diese Gase werden in größeren Mengen produziert, wenn die Nahrung nicht richtig verdaut wird oder wenn der Kreislauf der Säfte gestört ist (Rohkost produziert mehr Gas, ebenso Nüsse und Samen).

Wenn aus irgendwelchen Gründen die Gase in Unordnung sind, beginnen sie aufwärts statt abwärts zu steigen. Das bringt den Chemiehaushalt des Organismus aus dem Gleichgewicht. Wenn diese Gase sich dem Herzen nähern, können sie hohen Blutdruck, Herzklopfen und Herzanfälle bewirken. Wenn sie noch höher getrieben werden, folgen Störungen der Atemorgane. Wenn die Gase den Kopf erreichen, entsteht Schizophrenie.

Wenn das mit positiven Ionen angereicherte Prana mit Apana zusammengebracht und durch den Kanal im Innern der Wirbelsäule gedrückt wird, findet eine innige Verschmelzung zwischen den positiven Ionen von Prana und den negativen Ionen von Apana statt. Dies erzeugt eine große Energiemenge, die der schlafenden Energie an der Wurzel der Wirbelsäule, der Kundalini, zum Aufsteigen verhilft. (Kundalini unterstützt in ihrem bewegungslosen Zustand alle Abläufe im Körper. Sie ist die Energie, welche in statischer oder kinetischer Form in allen manifestierten Erscheinungen enthalten ist. Sie ist die Energie, die der Organismus zu seinem Überleben nutzt.)

Übt man die im Yoga vorgeschriebenen Stellungen, so wird Apana aufwärts gezogen. Gelangt Apana erst in den Bereich des Nabels, so facht es das gastrische Feuer an. Dann stößt Apana in Verbindung mit dem Feuer des dritten Chakra durch das vierte Chakra hindurch und vermischt sich mit Prana. Prana ist von Natur aus heiß. Dies bewirkt eine weitere Zunahme der Hitze, und beide ‹Lüfte› steigen aufwärts, indem sie ein Vakuum erzeugen. In den Schriften liest man, daß es diese extreme, durch die Verschmelzung von Prana mit Apana bewirkte Hitze ist, durch die die Kunalini geweckt wird und in den Kanal im Inneren der Wirbelsäule fließt, so wie eine Schlange in ihr Loch schlüpft. Diese Mischung von Prana und Apana verjüngt den Yogi, und er wird zu einem Jüngling von sechzehn Jahren, voll Lebenskraft, Stärke und Macht.

In diesem Feld wird sich der Spieler der Wichtigkeit von Apana in seinem Leben bewußt. Er lernt, die ‹Lüfte› seines Körpers durch richtige Ernährung und andere Methoden in Harmonie zu halten.

40 Vyana-Loka

Vyana schafft pranische Energie aus den Lungen und befördert sie durch alle Körpersysteme. Es ist die Lebensluft, die für den Blutfluß und die Drüsenausscheidungen, die Auf- und Abwärtsbewegungen des Körpers und das Öffnen und Schließen der Augenlider verantwortlich ist.

Vyana transportiert den Sauerstoff durch den Blutstrom des ganzen Körperkreislaufs in die Kapillaren. Sauerstoff und pranische Energie werden von den Geweben aufgenommen, und anderseits werden Abfallstoffe in das Blut abgegeben. Dieses sauerstoffarme Blut wird durch Vyana in das venöse System befördert. Vyana ist auch die Kraft, die dieses schlackenbeladene Blut in das Herz und in die Lungen zurückbefördert.

Vyana ist die ‹Luft›, die die Schweißabsonderung hervorruft. Man schwitzt nicht nur an bestimmten Stellen. Man schwitzt durch jede einzelne Pore des Körpers. Die einzige Erklärung dafür ist Vyana. Schweiß bewegt sich nicht von selbst. Die Luft in den Lungen kann ihn nicht hinausschaffen, und auch die Lüfte im Magen, in den Eingeweiden oder im Analbereich können das nicht tun. Durch was sonst wird dies aber bewirkt?

Es ist das im ganzen Körper gegenwärtige Vyana, das von entscheidender Bedeutung für das Gleichgewicht der Körperchemie ist, das es über die Prozeße des Blutkreislaufs, des Schwitzens und des Hustens reguliert.

41 Menschliche Ebene Jana-Loka

Jana-Loka ist die fünfte Ebene und Wohnstätte der Siddhas (hochentwickelter Wesen, die über Kräfte verfügen, dank derer sie willentlich Dinge ausführen können, die den Menschen auf den niederen Ebenen wie Wunder erscheinen) und der Heiligen, die in der ewigen Betrachtung von Hari versunken sind. Jana-Loka ist auch der Bereich, wo die Bewohner von Swarga-Loka und Maha-Loka zur Zeit der Großen Auflösung aller manifestierten Dinge Zuflucht suchen – wonach das Universum neu erschaffen wird. Das in diesem Loka vorherrschende Element ist die Luft, und die Körper derjenigen, die sich im Jana-Loka aufhalten, bestehen aus reiner Weisheit, unbefleckt von Wünschen. Dies ist das Loka Göttlicher Weisheit, und diejenigen, die sich hier aufhalten, sind voll Göttlicher Weisheit.

Der Spieler, der im fünften Chakra, der Menschlichen Ebene, landet, widmet sein Leben der Aufgabe, sich in Übereinstimmung mit den Göttlichen Gesetzen zu bringen, um den Aufwärtsfluß der Energie in sich aufrechtzuerhalten. Um sich auf dieser Ebene zu stabilisieren, fühlt er, daß er seine Erfahrung anderen mitteilen muß. Aus diesem Grunde ist das fünfte Chakra die Quelle aller großen Lehren. Die Lage des fünften Chakras im Hals nahe des Kehlkopfes unterstreicht die Bedeutung der Kommunikation für den Spieler, der mit dieser Schwingung übereinstimmt.

Der Spieler läßt sich hier durch ein richtiges Verständnis der Lebenslüfte und nach seinem Durchgang durch das Fegefeuer, die Bewußtseinsklarheit und Jnana nieder. Seine Einsicht verlangt von ihm, daß er sich in Übereinstimmung mit den Gesetzen des Planeten bringt, und diese erhalten im Lichte seines Verständnisses der Lebenslüfte eine sehr große Bedeutung. Unausgeglichenheiten in den Lüften sind Widerspiegelungen einer Disharmonie mit den planetaren Gesetzen. Ohne die Mitwirkung der Lüfte ist es nicht möglich, diese Übereinstimmung zustande zu bringen.

Daß er während seines Durchgangs durch das vierte Chakra die Tatsache der Göttlichen Anwesenheit in allem Existierenden verstanden hat, verlangt von ihm, die Göttlichkeit nun in sich selbst zu suchen. Aus diesem Grunde richtet sich seine Aufmerksamkeit auf Laute, die nun für ihn eine neue Bedeutung bekommen. Er ist jetzt fähig, in sich selbst Laute wahrzunehmen, welche vorher unhörbar waren, weil seine Aufmerksamkeit auf die äußere Erscheinungswelt gerichtet war. Wenn er seine Sinne nach innen richtet, hört er die Laute seines Herzens und des Blutes, das durch seine Adern kreist. Diese Laute öffnen seine Nerven, und er wird fähig, mehr wahrzunehmen.

Es ist schon gesagt worden, daß alles Wissen im menschlichen Inneren existiert, dies wird jedoch erst im fünften Chakra zu einer Realität. Das Öffnen der Nerven erzeugt Laute. Diese Laute ihrerseits haben eine Rückwirkung auf die psychische Energie und bewirken Veränderungen in der Körperchemie. Das erzeugt einen psychischen Zustand, in dem der Spieler für eine neue Dimension der Erfahrung geöffnet ist. Daraus resultiert ein Verstehen, das Wissen genannt wird.

Im vierten Chakra hat der Spieler Erfahrung ohne Verständnis. Der Energiezuwachs aus dem Aufstieg vom vierten ins fünfte Chakra erhöht das Bewußtsein, und neue Perspektiven kommen in Sicht.

Im ersten Chakra gibt es nur vier Dimensionen, die sogenannten Blütenblätter. Im zweiten sind es sechs. Der Übergang vom zweiten zum dritten Chakra öffnet vier neue Dimensionen, und zwei weitere kommen beim Übergang vom dritten zum vierten dazu – im ganzen also zwölf. Im fünften Chakra sind sechzehn Dimensionen in Funktion, was eine völlig neue Perspektive von dem Wesen des Spiels ergibt. Und aus dieser Perspektive fließen alle großen religiösen Lehren.

Gehört der Spieler im fünften Chakra einer Tradition an, so wird er zu einem neuen Bindeglied in dessen Entwicklung. Oder aber er mag diese hinter sich lassen und ein unabhängiger Denker werden, ein Seher, ein Prophet oder ein Heiliger.

Auf dieser Ebene eröffnet sich dem Spieler eine wahre Perspektive auf die Natur der Menschheit. Oft wird sie aber bereits im dritten Chakra gewonnen, durch den Pfeil des Selbstlosen Dienens.

42 Agnih-Loka

Agnih ist eine äußerst klare Manifestation der ewigen zyklischen Wiedergeburt einer immer gleichbleibenden Göttlichen Essenz. Feuer ist Geist, Seele und Körper zur selben Zeit. Unser Universum und alles, was sich darin entwickelt, der Mensch eingeschlossen, ist vom Feuergott geschaffen. In symbolischen Darstellungen sieht man ihn mit drei Gesichtern, welche Feuer versinnbildlichen – Pavak, das elektrische Feuer; Pavamana, das Feuer, das durch Reibung entsteht, und Suchi, das Feuer der Götter, das im Rig-Veda als Vaishvanara bekannt ist, das lebendige magnetische Feuer, das alle Galaxien durchdringt. Die Bezeichnung Vaishvanara wird oft für das Selbst verwendet.

Der Spieler, der auf Agnih-Loka landet, kann nun Form annehmen. Agnih ist der Feuergott, und Feuer ist eine grobe Manifestation von Energie. Im Körper ist dieses Feuer das Leben selbst. Er ist Liebe und Sicherheit. Es war des Menschen Schutz gegen die Heimsuchung durch wilde Tiere, zu jener Zeit, als er noch in Höhlen lebte. Aber Feuer ist nur eine der Manifestationen von Energie. Zusammen mit Luft und Wasser ist es eine der drei Ursachen für die Verfestigung der Erde und somit Urheber der Formen. Feuer ist auch Ursache des Lichts, das eine Kombination von Farben ist. So ist Feuer also der Ursprung von Farbe und Form – der Essenz der Erscheinungswelt.

Feuer ist die grobe Manifestation von Energie, ihr Vehikel. Der Spieler, der hier landet, versteht, daß sein Körper ebenfalls nur ein Vehikel ist. Aus diesem Grunde wird das Feuer als das Verbindungsstück zwischen Mensch und Gott betrachtet. Alle religiösen Rituale schließen die Anwesenheit von Agnih, des ewigen Zeugen, ein. Und weil dieser Feuergott nur ein Ausdruck der angeborenen Natur des Menschen ist, lernt der Spieler, daß Selbsttäuschung unmöglich ist. Der Zeuge ist immer da.

Der Spieler, der im Begriffe steht, Form anzunehmen, tut dies im Wissen, daß die Rolle, die er annimmt, den Geboten der planetarischen Gesetze entsprechen muß. Jede Abweichung ruft Selbsttäuschung hervor, welche unausweichlich ein Abwärtsfließen der Energie zur Folge hat.

Nach der Hindu-Mythologie beschloß der Feuergott Agnih eines Tages, die Schöpfung zu erforschen. Er nahm eine luftige Form an und reiste auf einem Lotusblatt über die Oberflächen des Universums. Aber nach einiger Zeit wurde er müde und suchte sich einen Platz, um auszuruhen. Bald erblickte er ein Nest auf der Oberfläche der ewigen Wasser. In diesem Nest breitete er sein Feuer aus.

Die Wasser waren die Gemahlinnen von Varuna, einer anderen Manifestation von Agnih. Des Feuergottes Verlangen nach diesen Frauen entzündete sich, und bald waren sie bereit, sich zu vereinigen. Sein Same fiel und wurde zur Erde. Das ist das Feuer, das er inmitten des Netzes pflanzte, und dieser Planet ist sein Sprößling.

Die moderne westliche Wissenschaft glaubt heute, daß die Erde am Anfang ein Ball von Feuer, Agnih, war. Wasser kühlte die Oberfläche des Planeten ab und machte so die Entstehung von Leben möglich. Selbst heute ruht das Feuer im Herzen des Planeten und zeigt seine Anwesenheit durch die Vulkane, die geschmolzenes Gestein aus den Tiefen der Erde hinausschleudern. Wenn dieses innere Feuer sterben würde, würde das Leben von diesem Planeten verschwinden.

43 Geburt des Menschen
Manushya-Janma

Der Durchgang durch die Ebene von Agnih bereitete den Spieler darauf vor, Form anzunehmen. Manushya-Janma verkündet nun die Annahme der Form. Der Spieler, der im zweiten Chakra empfangen, im dritten gesäugt und genährt und im vierten mit menschlichen Gefühlen erfüllt wurde, wird nun im fünften Chakra geboren.

Das ist diejenige Geburt, die nie in Ämtern und Spitälern registriert wird. Viel eher wird sie von den Menschen bemerkt, die dem Betreffenden begegnen; sie werden dann sagen: «Wir haben einen Menschen gesehen.» Der Spieler ist jetzt niemandes Kind mehr. Jeder könnte sein Vater gewesen sein. Er gehört keiner Kaste, Glaubensrichtung, keiner Nation oder Religion an. Er ist an nichts mehr verhaftet, bedarf keiner Papiere oder Zeichen zur Identifikation. Er hat sich selbst gefunden.

Jetzt ist er geboren. Jetzt kann man ihn spüren. Seine Gegenwart wird von denen, die noch immer dabei sind, geboren zu werden, intensiv erlebt. Er hat eine direkte Erfahrung der Wahrheit. Jetzt kann er der Wirklichkeit von Angesicht zu Angesicht begegnen. Er braucht niemandem mehr zu gefallen, denn er hat kein Interesse mehr daran, eine Gruppe von Ergebenen und Jüngern heranzuziehen. Sein einziger Bezug ist der Bezug zur Wahrheit; und der Wahrheit zu gefallen ist sein einziges Anliegen.

Der Mensch ist ein rationales Wesen. Diese Begabung der Vernunft hilft ihm, sich mit Wahrheit in Verbindung zu setzen. Wer nicht in Harmonie mit dem Gesetz der Wahrheit lebt, kann nicht mit Recht Mensch genannt werden. Er ist irgendein anderes Wesen in einem menschlichen Körper, das danach strebt, als Mensch geboren zu werden.

44 Unwissenheit
Avidya

Der Spieler, der auf Avidya landet, vergißt die illusorische Natur der Existenz und fällt der Verhaftung an gewiße Sinneswahrnehmungen und emotionelle Zustände zum Opfer. Avidya ist eine Schlange, die seine Energie ins erste Chakra, zur Ebene der Sinnlichkeit, hinunterzieht. Mit dem Verlust der Einsicht in die Natur von Maya verliert er auch die Fähigkeit, vernünftig zu denken und identifiziert sich deshalb mit bestimmten Zuständen.

Vidya heißt Wissen; «a» heißt ohne. Wissen heißt, die eigene Rolle im Spiel verstehen, wo auch immer man sich in einem gegebenen Moment befindet.

Wirkliches Avidya gibt es nur innerhalb des Denkens. Außerhalb des mentalen Bereichs existiert kein Avidya. Unsere Wahrnehmungen der Realität sind nur Widerspiegelungen unseres eigenen Selbst. Aber obwohl nichts außerhalb des Denkens existiert, heißt das trotzdem nicht, daß nur der Spieler und sein Denken existieren. Die Welt von Name und Form existiert auch, aber sie wird vom Denken jedes Spielers unterschiedlich wahrgenommen, je nach der Schwingungsebene, auf der er sich gerade befindet.

Die gleiche Welt ist ein Ort der Freude für die einen und eine Hölle für die andern. Jeder Geist nimmt die Welt anders wahr und schreibt den Gegenständen ihre Bedeutung entsprechend seinen Karmas zu. Wirkliches Wissen bedeutet, die Wirklichkeit zu verstehen, ohne ein Werturteil zu fällen. Wirkliches Wissen heißt Nichtverhaftet sein an die Gegenstände der Sinneswahrnehmung – die sich ständig verändern, vergänglich und deshalb nicht wirklich sind.

Wenn der Spieler nur mit seinem inneren Laut in Fühlung bleibt – dem Laut seines Selbst, seines Seins – dann wird er seinem Verstand nicht zum Opfer fallen. Verstand ist wie ein Tiger, der im Dschungel der Begierden zu Hause ist, umgeben von einer Wirklichkeit voller Opfer. Nur indem er seinem inneren Laut folgt, kann der Spieler dem Tiger und dem Rückfall auf die Ebene der Sinnlichkeit entkommen. Sonst muß er von vorn beginnen, um schlußendlich über den Pfeil des rechten Wissens aufzusteigen.

Nichtwissen ist im fünften Chakra, auf der fünften Reihe des Spiels am richtigen Ort. Nur wenn es Weisheit (Jnana) gibt, kann Nichtwissen existieren. Nichtwissen heißt, das, was auf die leere Seite geschrieben wird, für die einzige Wirklichkeit halten. Deshalb kann Nichtwissen erst existieren, wenn der Spieler in das Reich des Wissens und der Weisheit kommt.

45 Rechtes Wissen
Suvidya

Während Jnana das Erkennen der Wahrheit ist, bedeutet Rechtes Wissen das aus dieser Erkenntnis resultierende Verhalten (Praxis), wodurch der Spieler auf die achte Ebene in das Feld der Kosmischen Güte aufsteigen kann. Nun ist er noch ein Feld von seinem Ziel entfernt. Er gelangt zur Einsicht, daß er ein Mikrokosmos des Universums ist, daß er in Tropfenform den Ozean enthält.

Nach der Hindu-Tradition gibt es vierzehn Vidyas, Speichen des Rades der Wahrheit. Dies sind die vierzehn Dimensionen des Wissens, die alles enthalten, was der Mensch braucht, um die Wirklichkeit zu erkennen und zu verstehen. Es sind die vier Veden, die sechs Shastren, Dharma, Nyaia (Logik), Mimansa (Kritisches Verstehen) und die Puranas.

In der Industriegesellschaft hat das Wissen jedoch eine andere Gestalt angenommen. Das, was man Wissen nennt, ist auf jene Dimension von Information reduziert worden, die in einen Computer einprogrammiert werden kann. Aber das menschliche Bewußtsein ist mehr als nur ein Computer. Rechtes Wissen erfordert Erfahrung.

Rechtes Wissen erweitert Jnana um die Dimension der Erkenntnis, daß Vergangenheit, Gegenwart und Zukunft eins sind, daß sie die verschiedenen Aspekte eines einzigen Kontinuums sind. Während Weisheit eine bestimmte Handlungsweise gebieten kann, kann Rechtes Wissen gerade das Gegenteil verlangen. Aus Weisheit verleugneten die Jünger Christus. Aus dem Rechten Wissen aber ließ Christus seinen eigenen Tod zu – im Wissen, daß subtile Prinzipien den Wert stofflicher Formen immer aufwiegen.

Rechtes Wissen ist die Nahrung des Bewußtseins, das es vor den Schlangen der Irreligiosität, der Eifersucht, des Neids, der Unwissenheit, der Gewalt, des Egoismus bewahrt, ebenso wie vor Tamas und der Trägheit des Negativen Intellekts. Rechtes Wissen stärkt die innere Stimme. Suvidya zähmt den Tiger des Verstands und verwandelt den Dschungel der Begierden in einen Garten der zwischenmenschlichen Evolution.

Vidya stammt von der Wurzel «Vid», die «Wissen» bedeutet. Die älteste Form des Wissens war der Zustand des Samadhi, in welchem man die Antwort erhält, indem man sich der unmittelbaren Erfahrung der Realität aussetzt. Deshalb ist alles Hindu-Wissen als «Darshan» bekannt, was «sehen» oder erfahren heißt. Wissen heißt, mit dem Objekt, das «gewußt werden soll», einswerden. Das ist Vidya, Rechtes Wissen.

Mit dem Rechten Wissen kommt das Ende des fünften Chakras und der fünften Spielreihe. Im selben Augenblick, in dem der Spieler seines Einsseins mit dem Kosmos gewahr wird, wird er auch eins mit der Letzten Wirklichkeit; er kommt auf die Ebene von Rudra (Shiva), die Ebene der Kosmischen Güte.

Sechste Reihe
Die Zeit der Buße

46 Gewissen
Vivek

Alles, was in der Erscheinungswelt existiert, ist nicht Wirklichkeit. Die Objekte der Sinneswahrnehmung verändern sich im Fluß der Zeit; sie wachsen, entwickeln sich und vergehen. Aber diese Sinnesobjekte erwecken jeden Anschein, wirklich zu sein. Der Mensch schreibt der objektiven Welt einen Wert zu und entwickelt das Verlangen, sich mit diesen Sinnesobjekten zu identifizieren. Vivek, das Gewissen, ist die Kraft, die den Menschen davor bewahrt, in das Verlangen nach der Bindung an das Stoffliche zurückzufallen. Es ist des Spielers eigene Stimme der inneren Weisheit, die ihn befähigt, zwischen dem Grobstofflichen und dem Subtilen, dem Phänomenon und dem Noumenon zu unterscheiden.

In diesem Spiel konnte Vivek nicht früher erscheinen. Als erstes Feld des sechsten Chakras folgt das Gewissen auf den Durchgang durch das Rechte Wissen. Wenn der Spieler auf dem Pfeil des Rechten Wissens landet, wird er sofort auf die Ebene der Kosmischen Güte befördert. Wenn nicht, muß er sein Gewissen zu Hilfe nehmen, um den Verlauf des Spiels zu bestimmen.

Bis zum fünften Chakra findet man die Grundelemente der Erscheinungswelt. Das sind die Bausteine der groben Manifestation. Die Gegenwart dieser Elemente beeinflußt das Schwingungsmuster so lange, wie der Spieler aus den ersten fünf Chakras heraus arbeitet. Aber das sechste Chakra befindet sich jenseits der Elemente. Die manifestierte Maya hat nun kaum noch eine Wirkung auf das Bewußtsein.

Wenn der Spieler auf dem Feld des Gewissens landet, wird er sofort in die Glückseligkeit transportiert – eine Glückseligkeit, die erst im siebten Chakra möglich ist. Im siebten Chakra ist der Spieler über alle Gewalttätigkeit hinausgekommen, und das ist der Grund des wahren Glücksgefühls.

Aber hier ist er noch im sechsten Chakra, und hier ist das Gewissen wichtig. Das sechste Chakra ist traditionell das dritte Auge genannt worden. Die zwei Augen sehen nur das, was existiert – was war in der Vergangenheit und was ist in der Gegenwart. Aber das dritte Auge gibt die Macht, zukünftige Spielmöglichkeiten herauszufinden. Und das ist eines der Kennzeichen des sechsten Chakras: Einblick in die Zukunft. Dies ist keine Fantasie, sondern die unmittelbare Wahrnehmung dessen, was sein wird.

Das Gewissen ist nicht etwas, was wir in einem einzigen (gemessen an kosmischen Maßstäben) flüchtigen Leben aufbauen können. Es enthält die Erkenntnisse der Rasse in der Form des kollektiven Unbewußten. Der Spieler hat in sich selbst ein Reservoir von Erfahrungen zur Verfügung, das jetzt seiner bewußten Wahrnehmung zugänglicher wird.

Das Gewissen ist der Lehrer, der auf dem Scheitel jedes Menschen – im siebten Chakra – sitzt und die Spieler durch ihr Leben führt. Der Spieler kann sozialen oder politischen Gesetzen aus dem Weg gehen, aber vor der Stimme des Gewissens auszuweichen, ist letztlich unmöglich.

Bevor der Spieler das sechste Chakra erreicht, hat die Idee des Gewissens wenig Sinn für ihn. Aber der Durchgang durch das sechste Chakra ist bestimmt vom Fall des karmischen Würfels und von den Eingebungen der inneren Stimme von Vivek.

47 Neutralität
Saraswati

Die psychische Energie im menschlichen Organismus fließt durch den zentralen Nervenkanal des Rückenmarks, Saraswati. Nach der Yoga-Physiologie beginnt dieser Energiefluß im ersten Chakra und schwingt sich allmählich höher, entsprechend dem Fortschritt des Spielers von Reihe zu Reihe. Das letzte Ziel des Yoga ist es, diese Energie bis ins siebte Chakra, zum Scheitel aufsteigen zu lassen.

Es gibt drei Grundarten von Energie im menschlichen Körper: elektrische, magnetische und neutrale. Elektrische Energie ist Sonnenenergie, die die rechte Körperhälfte dominiert. Magnetische Energie ist Mondenergie, die die linke Seite dominiert. Normalerweise dominiert entweder die elektrische oder die magnetische (positive oder Sonnen-, negative oder Mond-) Energie.

Die neutrale oder psychische Energie entsteht, wenn Sonne und Mond im Körper ausgeglichen sind. Dann beginnt die neutrale Energie das Rückgrat entlang hinaufzufließen. Bis zum sechsten Chakra war die Kontrolle dieser Energie nicht möglich. Kurze Aufwallungen konnten während der Meditation produziert werden, aber zu anscheinend zufälligen Zeitpunkten und unabhängig von einer bewußten Kontrolle. Im sechsten Chakra vergehen negativ und positiv. Nur die Neutralität bleibt zurück.

Wenn der Spieler in Saraswati landet, kommt er in das Reich der Göttin dieses Namens. Er ist von reiner Musik umgeben und lebt in einem Zustand von Vidya, Wissen. Die Gottheit des Lernens und der Schönheit beschenkt ihn mit der Fähigkeit, sich jendseits der Einflüsse des elektromagnetischen Feldes der Existenz stabilisieren zu können. Der Spieler ist zum Zeugen des Spiels geworden.

Drei Nerven, die im Gehirn in der Gegend des dritten Auges zusammentreffen (in der Mitte und etwas oberhalb der beiden Augenbrauen), sind verantwortlich für das Fließen der drei Arten von Energie: Ira Nadi, Pingala Nadi und Shushumna Nadi; Sonnen-, Mond- und neutrale oder elektrische, magnetische und neutrale Energie. Dieser Nervenknotenpunkt wird Prayag genannt, ein Name, der oft auch für das dritte Auge verwendet wird. Shushumna bleibt unsichtbar, während Ira und Pingala als die zwei Augen gesehen werden können.

In der indischen Mythologie ist Prayag-Radsh einer der heiligsten Orte: Es ist der Ort, an dem die drei heiligsten Flüsse des Landes – Ganges, Yamuna und Saraswati – zusammenfließen. Ganges und Yamuna sind Ira und Pingala. Beide sind sichtbar wie die beiden Augen. Der Fluß Saraswati hingegen ist unsichtbar; er soll aus den Tiefen der Erde zum Prayag hinauffließen.

Der selbe Symbolismus ist in der griechisch-römischen Mythologie im Stabe von Äskulap zu finden, der die Gottheit der Heilkunst ist. Um den geflügelten Stab winden sich zwei Schlangen. Die Schlangen sind Ira und Pingala, der Stab ist Shushumna.

48 Sonnenebene
Yamuna

Im sechsten Chakra schafft der Spieler eine Harmonie zwischen dem männlichen Sonnenprinzip und dem weiblichen Mondprinzip. Diese harmonische Vereinigung der Elemente schafft ein Zeugen-Selbst, welches weder nur männlich noch nur weiblich ist, sondern beide Elemente in vollkommener Ausgewogenheit in sich enthält.

Die Sonnenebene ist die Ebene der männlichen Energie. Solange der Spieler entweder männlich oder weiblich ist, kann er weder seine männliche noch seine weibliche Natur akzeptieren, genauso wie der Spieler einer Mannschaft innerhalb des Spielfeldes unfähig ist, seine eigenen Handlungen zu beurteilen, weil sein persönliches Verhaftetsein an das Spiel eine richtige Wahrnehmung verunmöglicht. Aber derjenige, der als Schiedsrichter fungiert, steht über den persönlichen Verstrickungen, weil er keinem der Teams verpflichtet ist. Er ist das beobachtende Selbst, das fähig ist, die Fouls zu sehen, die ein Spieler macht.

Wenn der Spieler, der noch auf die Schwingungen der niederen Chakras eingestellt ist, von der Sonnenebene berührt wird, zieht ihn sein Hauptinteresse zu Zerstörung, Macht und zur Identifikation des Selbst – so wie zuviel Sonne auch den Planeten verbrennen würde. Um die Sonne auszubalancieren, braucht es den Mond. Der Spieler, der hier landet, nachdem er durch Weisheit und Rechtes Wissen gegangen ist, wird sich dessen bewußt; er lernt, sein eigenes Energiespiel ins Gleichgewicht zu bringen.

Unterhalb des sechsten Chakras sind Sonne und Mond ineinander verschlungen. Aber im sechsten Chakra begegnen sie sich und werden eins. Das ist das Gefühl des Einsseins, das die Ebene des Ernstes charakterisiert.

Um die Natur der Sonnen- und Mondenergien und ihre Funktion im menschlichen Organismus besser zu verstehen, brauchen wir nur die Batterie als Beispiel zu betrachten. Wie die Batterie, so haben auch menschliche Wesen eine Anode und eine Kathode, positive und negative Pole. Wenn beide in eine Lösung gebracht werden, die Strom leiten kann, entsteht Elektrizität.

Die Anode ist positiv und im allgemeinen aus Kupfer. Dieses rote Metall ist ein Sonnenmetall und wird dem Feuerzeichen Mars zugeordnet. Für die Kathode wird Zink verwendet – ein blauweißes Mondmetall. Die elektrische Ladung sammelt sich an der Anode, und durch die Anode gewinnen wir auch Elektrizität. Das ist die Elektrizität, welche das elektrische, männliche Prinzip im menschlichen Organismus symbolisiert.

Im menschlichen Organismus entspricht der Pingala-Nerv Yamuna, der Sonnenebene. Die Sonnenenergie hat eine direkte Verbindung mit dem rechten Nasenloch. Wenn das rechte Nasenloch benützt wird, dominiert Pingala, was eine leichte Veränderung in der Körperchemie, im Atem und im Puls ergibt. Pingala ist die Energiequelle aller kreativen Handlungen und macht die Meditation unmöglich, solange das rechte Nasenloch in Tätigkeit ist.

In den Pranayama-Yoga-Techniken wird oft «Sonnenatem» erfordert. Das heißt ganz einfach, daß der Schüler durch sein rechtes Nasenloch atmen soll.

Yamuna ist, wie gesagt, einer der drei heiligen Flüsse, die sich bei Prayag-Radsh (jetzt Allahabad) in der Uttar-Pradesh-Provinz in Nordindien treffen. Krishna wurde in der Nähe der Ufer des Yamuna geboren.

49 Mondebene
Ganges oder Ganga

Der Spieler, der in Ganga landet, findet sich an der Quelle der magnetischen weiblichen Energie. Er erfährt den Nerv Ira Nadi, der sich auf der linken Seite seiner Wirbelsäule befindet. Ira Nadi ist die Quelle der Ernährung des Körpers, gemäß seiner weiblichen, das heißt ernährenden Natur. Weiblich ist magnetisch, anziehend; männlich ist elektrisch, kraftvoll.

Die magnetische Natur im Menschen steht in enger Beziehung zur psychischen Energie. Der Spieler, der mehr psychische Energie erzeugt, entwickelt automatisch einen persönlichen Magnetismus, der jene zu ihm hinzieht, die magnetisch angezogen werden können. Magnetismus ist in Wirklichkeit ein Gleichgewicht der Polarität. Wenn der Nord- und Südpol irgendeiner Substanz, die Energie aufnehmen kann, gegenseitig aufeinander einwirken, wird magnetische Kraft erzeugt. Der Energiefluß von einem Pol zum anderen begegnet keinen Hindernissen, und es bildet sich ein magnetisches Feld. Auf dieselbe Weise wird ein ungehinderter Fluß der psychischen Energie möglich, wenn man zu den Zeiten meditiert, wo das linke Nasenloch, dasjenige des Mondes, tätig ist.

Durch Meditation landet der Spieler auf der Mondebene. Hier erwirbt er sich das Verständnis des weiblichen Prinzips.

Er erfährt, daß in der Vollmondnacht ein Höhepunkt der menschlichen Emotionen erreicht wird, genauso wie auch die Gezeiten des Ozeans ihren Höhepunkt mit der Flut während des Vollmonds erreichen. Beides sind Wirkungen des Magnetismus des Mondes auf den Planeten.

Obwohl das Wort ‹lunacy› (Mondsucht – im Englischen gleichbedeutend mit Wahnsinn, Tollheit) geprägt wurde, um auf die Beziehungen zwischen Mondzyklus und Geisteskrankheiten hinzuweisen, braucht der Spieler, der auf der Mondebene im sechsten Chakra landet, keine Angst zu haben. Auf dieser Ebene ist alle Energie eins, und die weibliche Energie hört auf, destruktiv zu werden; sie wird zu einem der konstruktivsten Felder in diesem Spiel.

Das linke (Mond-)Nasenloch begünstigt nicht nur Meditation, sondern auch Musik, Tanz, den Genuß von Dichtung, das Vertreiben von Sorgen, Schmerz und Depression und hilft außerdem, das Bewußtsein zu erneuern. Ira Nadi führt den Spieler auf die Mondebene, der Ebene der Hingabe und der Empfänglichkeit.

Als allgemeine Regel sollte das linke Nasenloch während des Tages und das rechte während der Nacht tätig sein. Mond wird tagsüber gebraucht, um für die vorherrschende Sonnenenergie einen Ausgleich zu schaffen, und das Sonnennasenloch, um das Überwiegen des Mondes in der Nacht auszugleichen. Das ist der Yoga der Nasenlochatmung.

50 Strenge Tapah-Loka

Während Wissen das Hauptinteresse im fünften Chakra war, steht nun harte Arbeit und Buße im Vordergrund, wenn der Spieler mit den Schwingungen des sechsten Chakras übereinstimmt. Tapah heißt Buße, Abtötung, Verbrennen und Meditation über die Selbstaufopferung.

Tapah-Loka ist das sechste der sieben Haupt-Lokas. Dies ist der Bereich, welcher in der Nacht Brahmas nicht zugrunde geht. Das in diesem Loka vorherrschende Element ist die Luft, und daher durchdringen sich alle verschiedenen Verbindungen ohne Schwierigkeit.

Obschon die Elemente im fünften Chakra zum letzten Mal im menschlichen Organismus auftreten, existieren sie in bestimmten Lokas, bestimmten Bereichen im Raum immer noch. Diejenigen, die sich durch die harte Arbeit an sich selbst weiterentwickeln, suchen diese Lokas auf, je nach ihrem Bewußtseinsstand. Die, die in diesem Loka wohnen, das man Tapah-Loka nennt, sind hochstehende Asketen und Yogis – sie sind den Pfad gegangen, von dem es keine Rückkehr gibt, und verweilen immer noch in strenger Buße, um diese Ebene des Bewußtseins zu durchqueren und die nächste, Satya-Loka, die Ebene der Wirklichkeit, zu erreichen.

Das in Entwicklung begriffene beobachtende Selbst erkennt Rest-Karmas und nimmt die schwierige Aufgabe in Angriff, diese auszumerzen. Hier wird harte Buße verlangt. Die Karmas sind eine zu schwere Bürde geworden; der Spieler kann sie nicht weiter dulden.

Der Spieler erreicht Tapah-Loka entweder direkt durch die Praxis von Viert-Chakra-Sudharma oder stufenweise über die Felder des fünften Chakras, indem er das Gewissen entwickelt und seinen Sonne-Mond-Energiekreislauf meistert.

Die Erfahrung des Einsseins mit aller Realität entkleidet die Erscheinungs- und Sinnenwelt ihrer Anziehungskraft. Alle Elemente sind jetzt unter der Herrschaft des Spielers. Seine Einsicht in die Natur des Raum-Zeit-Kontinuums befähigt ihn, den Beginn und das Ende der Schöpfung zu sehen. Er lebt in diesem endlichen Körper und wird doch unbegrenzt. Der Spieler weiß, daß er unvergänglicher Geist in einem vergänglichen Körper ist. Der Tod hört auf, etwas Schreckliches zu sein. Hier versteht nun der Spieler die Bedeutung des «Dies bin ich» oder «Ich bin dies», das man im Sanskrit «Tat Twan Asi» oder «Ham-Sa» nennt. Der Spieler wird jetzt Paramhansa genannt.

Im Westen wird viel über das dritte Auge geredet. Um dieses Phänomen zu verstehen, muß der Spieler die Strapazen der Ebene des Ernstes durchmachen. Er muß Buße tun. Er muß die Identifikation als Mann oder Frau aufgeben. Sein ganzes Verständnis des Selbst muß sich radikal ändern.

Er muß in sich selbst die Gegenwart des Göttlichen erkennen. Er muß sein eigenes unendliches Wesen fühlen. Hier wird der Laut Om sein Mantra. Om ist die kosmische Silbe, die in seinem ganzen Organismus Resonanz erzeugt und ihm hilft, sein Energieniveau zu erhöhen.

Jede Stunde des Tages, jede Minute hört er diesen inneren Laut. Der Laut wird immer durchdringender, bis er alle Laute seiner Umgebung in sich aufgenommen hat, die inneren und die äußeren. Alle, die in des Spielers Gegenwart sind, werden ruhig und beginnen, dieselben hochfrequenten Laute wahrzunehmen, die ihr eigenes System erzeugt.

Jeder Spieler hat eine besondere Wirkung auf andere Spieler, je nach der Ebene, auf der er gerade schwingt. Die Gegenwart eines Menschen des ersten Chakras ist entweder ein schrecklicher oder ein bemitleidenswerter Anblick. Er sucht auf aggressive Weise sein physisches Überleben zu sichern, oder aber er beklagt seine Unfähigkeit, dies zustande zu bringen.

Der Mensch im zweiten Chakra, der auf Sinnesgenüsse aus ist, sucht zu bezaubern und zu schmeicheln. Seine Stimme ist verführerisch, salbungsvoll. Der Spieler ist im dritten Chakra auf Herausforderung eingestellt. Er bringt sein Ego wo und wann immer möglich zur Geltung, während er weiter nach Identifikationen und nach Bestätigungen derjenigen Aspekte sucht, die er bereits angenommen hat.

Der Viert-Chakra-Spieler inspiriert seine gesamte Umgebung. Er hat ein emotionales Zentrum gefunden und produziert keine bedrohlichen Schwingungen mehr. Die Erfahrungen des Fünft-Chakra-Spielers haben sich zu einem Spiegel kristallisiert, in dem sich andere Spieler selbst erkennen können.

Die Gegenwart eines Menschen aus dem sechsten Chakra offenbart das Göttliche. Die anderen Spieler verlieren ihre Identität und Hemmungen und versuchen, ihr eigenes Bewußtsein mit dem Bewußtsein eines Menschen zu verschmelzen, der sich auf der Ebene des Ernstes niedergelassen hat.

51 Erde
Prithvi

Die Erde ist das große Mutterprinzip, die Bühne, auf welcher das Bewußtsein sein ewiges Spiel, Lila, aufführt. Hier versteht der Spieler die Erde als Mutter Erde, nicht mehr nur als «die Erde». Er entdeckt neue Variationen und Harmonien, neue Arten des Spiels, die ihm, solange er noch in die in den niedrigeren Chakren entstandenen Nebel verwickelt war, verborgen blieben.

Sowohl die indische Tradition wie auch die moderne Wissenschaft stimmen darin überein, daß die Erde als Feuerball entstanden ist. Was übrigblieb, nachdem die Flammen ihre Arbeit getan hatten, wurde zur Erde. Die Erde ist mehr als nur ein Planet. Sie ist ein lebendiger Organismus, das große Mutterprinzip, das alles ins Leben gebracht hat, was an ihrer Brust existiert. Und wie eine Mutter ihre Milch gibt, so sorgt auch die Erde für Ernährung und Lebensenergie.

Die Erde ist das Symbol des Spielers im sechsten Chakra. Sie ist ein Produkt der ‹Großen Strenge›. Durch die schreckliche Feuergeburt ist die Erde in der Lage, die lebendige Energieschau ins Leben zu rufen, die sie wie ein Mantel umgibt. Sie ist die Essenz von Toleranz und Nachsicht. Obwohl ihre Kinder ihren Leib verwüsten und ihre Seele in Brand setzen, gibt sie ihnen dafür Diamanten, Gold und Platin. Sie folgt selbstlos dem Gesetz des Dharma und macht keine Unterschiede zwischen hoch und niedrig. Deshalb ist sie am richtigen Ort im sechsten Chakra. Wir sehen ihren Leib – die Physische Ebene des ersten Chakras. Was wir nicht sehen können, ist ihr Geist, ihre Intelligenz, ihr Wohlwollen, ihr Sinn.

Das ist das Verständnis, welches der Spieler im sechsten Chakra erlangt. Er sieht in ihrem Spiel das unaufhörliche Wechselspiel zwischen Sonnen-, Mond- und neutralen Energien, welche den Prozeß widerspiegeln, der die ganze Zeit in seinem eigenen mikrokosmischen Selbst vor sich geht.

Indem er die innere Wirklichkeit sieht, die sich in der großen Mutter spiegelt, erhält der Spieler Einsicht in Lila; er wird zum wirklichen Spieler. Er muß aber noch durch die Ebene der Gewalt hindurch, um verstehen zu lernen, wie man zu einem wahrhaft fließenden Spieler wird. Wenn diese Prüfungen einmal bestanden sind, kann er in eine unmittelbare Verbindung mit dem Kosmischen Bewußtsein treten, wenn er in der Spirituellen Hingabe landet.

So hat die Erde ihr Spielerkind aufgezogen, bis zum Punkt, wo es (er) nun die Fähigkeit hat, sein eigenes Spiel zu schaffen und weiterzuschreiten, in die Höhe oder in die Tiefe, je nach seinen Karmas.

Manchmal steigen die Spieler im Verlaufe eines Spiels mehrere Ebenen auf einmal hoch, wenn sie die Attribute von Erbarmen, Jnana und Rechtem Wissen erfahren. Diese Pfeile erheben sie auf die höchste Ebene. Aber da sie nicht wirklich in die achte Ebene gehören, ist das keine Garantie, daß das Kosmische Bewußtsein wirklich erreicht wird. Sie müssen die Reise so oder so machen, und das Spiel stellt ihnen die Schlange von Tamoguna zur Verfügung, um sie zurück zur Erde zu bringen, wo sie es noch einmal versuchen können. Jedesmal, wenn der Spieler höher steigt und es nicht schafft, die Ebene des Kosmischen Bewußtseins zu erreichen, muß er nach Hause zurückkehren, zu seiner Mutter – ins Kosmische Spielfeld.

Und je mehr man von der Erde erfährt, um so tiefer lernt man das subtile Gleichgewicht schätzen, das das Leben auf ihrer Oberfläche aufrechterhält. Für den Menschen des ersten Chakras ist sie nichts als eine Schatzkammer, die man nach Lust und Laune plündert und ausraubt, ohne Rücksicht auf die Folgen. Der Mensch des sechsten Chakras erkennt die Gefahr dieser Haltung, denn er sieht, daß dem Planeten, den er liebt, vielleicht nicht wiedergutzumachender Schaden droht.

52 Gewalt
Himsa-Loka

Der Spieler, der das sechste Chakra erreicht, erlangt eine Einsicht in die Einheit alles Seienden. Menschliche Körper sind nur vorübergehende Formen. Das wirkliche Wesen aller Spieler existiert jenseits des Reichs der Namen und Formen. Der Spieler weiß, daß der Tod nur ein Szenenwechsel im Drama des Lebens ist. Daraus entsteht die Gefahr, daß der Spieler zu Mitteln der Gewalt Zuflucht nimmt, denn er weiß zu genau, daß seine Handlungen letztlich niemandem etwas antun können.

Aber die Welt ist die Bühne von Lila und Karma. Die ganze Welt ist eine Bühne, und die Spieler spielen ihre Rollen. Jeder Spieler hat die Gelegenheit, innerhalb der gegenwärtigen Lebensspanne das Kosmische Bewußtsein zu verwirklichen. Das Gesetz des Karma schreibt vor, daß es allen Spielern erlaubt sein soll, ihre Dramen zu Ende zu spielen, das Spiel zu Ende zu führen. Gewaltakte, die im sechsten Chakra begangen werden, sind nicht aus dem allgemeinen karmischen Prinzip ausgenommen. Das macht die Ebene der Gewalt zu einer Schlange, die den Spieler zum Fegefeuer im vierten Chakra hinunterzieht, wo er für seine Taten büßen muß.

Überall durch die ganze Geschichte hindurch haben Individuen, die sich auf dieser Schwingungsebene bewegen, immer wieder Kreuzzüge, Dshihads, und andere «Heilige» Kriege entfesselt. Die Veranstalter dieser ungeheuren historischen Schauspiele des menschlichen Leidens und Sterbens sehen sich selbst durchwegs als große Reformatoren des Bewußtseins. Hier besteht die Überzeugung, daß es für den anderen Spieler besser sei, zu sterben, als in seiner Unwissenheit zu verharren – es ist die Überzeugung des Sechst-Chakra-Fanatikers. Überhaupt stirbt ja niemand *wirklich*...

Wirkliche Gewalttätigkeit ist vor dem sechsten Chakra nicht möglich. Zwar können auch von den Spielern in den niedrigeren Chakras Gewaltakte begangen werden, aber diese sehen sie als Akte der Selbstverteidigung, der Reaktion auf Bedrohungen von außen an. Im sechsten Chakra aber realisieren die Spieler, daß keine Bedrohungen von außen kommen.

Im ersten Chakra kommt es wegen Geld und Besitz zu Gewalt, im zweiten Chakra aus sexuellen oder anderen Genußmotiven. Im dritten Chakra wird die Gewalt vom Machthunger erzeugt. Im vierten Chakra tötet der Mensch, um Karmas loszuwerden, um «alte Rechnungen zu begleichen». Agnostizismus ist der Treibstoff der Gewalt im fünften Chakra.

Im sechsten Chakra ergibt die Errichtung eines Glaubens, eines Kultes oder einer Religion unvermeidlich die Motivation für Ausschreitungen. Die für alle unheiligen Kriege des Menschen verantwortlichen Individuen waren, wie könnte es anders sein, alles hochstehende Asketen, die sich harten Bußübungen unterzogen hatten, um besondere Kräfte zu erlangen. Aber wenn die Karmas schlecht sind, kann das Asketentum zu einer Art von gefährlicher Eigensinnigkeit führen. Der Spieler glaubt, er besitze *alle* Wahrheit – er sei in Wirklichkeit Gott selbst oder zumindest sein Handlungsbevollmächtigter. Wer es nicht schafft, damit einverstanden zu sein, hat Unrecht. Deshalb ist jedes Mittel gerechtfertigt, ihn zur Wahrheit zu bekehren. Es ist besser, der andere stirbt und versteht, als daß er weiterlebt, ohne zu verstehen.

In den niedrigeren Chakras gibt es keine Handlungsfreiheit. Im sechsten Chakra wird der Spieler sein eigener Meister und erlangt große Kräfte durch Strenge und Buße. Kraft wird in Himsa-Loka zu Gewalt. Man ist gewalttätig zum eigenen Selbst, bevor man einem anderen Gewalt antun kann. Es ist perfektes Selbstvertrauen nötig, um gewalttätig sein zu können. Dieses Selbstvertrauen stellt sich nicht vor dem sechsten Chakra ein. Was in den niedrigeren Chakras Reaktion war, ist jetzt nichts anderes als eine Art spiritueller Anarchie.

Sein Mangel an Fluidität und spiritueller Hingabe bringt den Spieler zu sogar noch härterer Buße, ins Fegefeuer, wo er aus tiefem Herzen heraus bereuen muß, um im Spiel weitermachen und den Weg zur Spirituellen Hingabe weiter beschreiten zu können.

53 Flüssige Ebene
Jala-Loka

Wasser ist von Natur aus kalt und absorbiert Hitze, was die Empfindung der Kühle hervorruft. Die Hitze des sechsten Chakras, der Strenge, macht den Spieler gewalttätig. Er muß durch die reinen Wasser der Flüssigen Ebene hindurch, um die brennende Energie der Leidenschaft und Gewalt in die warme Beständigkeit der Spirituellen Hingabe umzuwandeln.

Wasser ist die bindende Substanz der Existenz. Das Körpergewicht des Menschen besteht vor allem aus Wasser. In trockenen Gegenden, wo das Wasser entweder tief unter der Erde oder gar nicht vorhanden ist, wird die Erde brüchig und zerfällt in Stücke – und wird schließlich zu dem, was wir Sand nennen. Sand hält kein Wasser mehr. Es fließt schnell hindurch, weil die einzelnen Körner keine Feuchtigkeit aufzunehmen vermögen. Die Erde wird unfruchtbar, fast leblos.

Wasser ist also auch für Fruchtbarkeit, Keimung und Wachstum verantwortlich. Und das Wachstum selbst ist ein Prozeß der Hitze, des Feuers. Hitze läßt Farbe und Form entstehen, und das Wasser fügt Festigkeit hinzu. Wasser bindet die Form und ist die Energie, die das Feuer nährt. So «ißt» also Feuer Wasser und liefert die Lebensenergie der Erde, welche sich in den Lebensformen auf der Oberfläche der Erde manifestiert.

Wasser hat keine Form. Es nimmt die Form an, die sein Gefäß ihm gibt. Das ist auch die Haupteigenschaft des Spielers vom sechsten Chakra – die Fähigkeit, das zu werden, was ihm gegenübertritt. Das wirkliche Spiel beginnt dann, wenn der Spieler seine Identität als Spieler verliert. Vor dem sechsten Chakra und der Fähigkeit, formlos zu werden, hat das wahre Spiel noch nicht begonnen. Bis zu diesem Zeitpunkt war der Spieler in Geld, Macht, Karma und Wissen gefangen. Das Spiel fängt an, wenn das Wissen gewonnen ist und die Illusion der Identifikation mit der Rolle des Spielers sich auflöst.

54 Spirituelle Hingabe
Bhakti-Loka

Bhakti oder Spirituelle Hingabe gründet auf dem Glaubenssatz: «Die Liebe ist Gott, und Gott ist die Liebe.» Ein Bhakti-Shüler ist in seine Gottheit verliebt. Die Gottheit ist der Geliebte, und der Schüler ist der Liebhaber. Der Bhakta oder Liebhaber empfindet Trennung und sehnt sich danach, seinen Geliebten zu treffen oder auch nur einen Blick von ihm zu erhaschen. Nichts anderes lockt ihn, nichts anderes kann seine Aufmerksamkeit auf sich ziehen, alles andere ist bedeutungslos. Nahrung, Schlaf, Sex, Verhaftungen, Verantwortungen, sie alle sind nicht länger von Bedeutung. Er wird von seinem Gefühl der Trennung beherrscht und schreit in der Ekstase auf, einen Blick auf den Herrn zu erhaschen. Wenn der Bhakta von Göttlicher Gnade gesegnet ist, fühlt er eine ungetrennte Einheit, und ein ungeteiltes Bewußtsein stellt sich ein. Er und sein Herr sind eins – eine Göttliche Erfahrung, die den Schüler der Gnade versichert, die vom Göttlichen ausgeht.

Bhakti ist die direkteste Methode, der kürzeste Weg zur Erfahrung des Göttlichen. Der ganze Yoga und das Wissen, Jnana, ist auf dem Grundstein wahren Glaubens, wahrer Hingabe, wahren Bhaktis aufgebaut. Es gibt nichts, das größer wäre als die Liebe, und Bhakti ist die Religion der Liebe. Die Liebe ist wahrhaft Gott. Die Flamme der Liebe mit dem Funken des Wissens zu entzünden, das Yoga der Liebe zu üben, das ist Bhakti.

Im letzten Stadium der Öffnung des sechsten Chakras, wenn der Spieler flüssig und rein geworden ist, begreift er den wahren Wert des Spiels. Er versteht die Wirklichkeit, so wie sie existiert und auch so wie sie erscheint. Er kennt die Notwendigkeit der Ebene der Strenge und diejenige von Jnana, Rechtem Wissen, Sudharma und Selbstlosem Dienen. Er sieht auch, daß Zorn, Einbildung, Nichtigkeit, Kummer und Unwissen alles bedeutungsvolle, sinnvolle Aspekte der Erfahrung des Lebens sind. Er steht jenseits aller Wertungen. Alles hat gleichermaßen Sinn und Gültigkeit gewonnen. Er weiß, daß ihn, solange er in diesem Körper bleibt, sein karmischer Würfel auf seiner Reise führen wird, von Stufe zu Stufe, von Feld zu Feld. Er weiß, daß er unterwegs Schlangen zum Opfer fallen wird, aber er weiß auch, daß er auch auf Pfeile stoßen wird.

Überall um ihn herum sieht der Spieler, wie das gleiche Spiel von anderen gespielt wird, die alle durch dieselben Zustände hindurchgehen, allerdings in verschiedenen Rhythmen und Intensitäten. Er hat in sich selbst eine gewisse Stabilität erreicht, indem er seinen Willen gemeistert hat. Für eine weitere Entwicklung braucht er jetzt ein emotionales Zentrum für sein Leben. Um seine Identifikationen zu verlieren, kann er sich nur mit der Gottheit, entweder nur in einer oder in allen möglichen Formen, identifizieren.

Sobald der Spieler in Bhakti-Loka landet, wird eine Form zu jeder Form. In welcher Form auch immer er das Göttliche findet: alle anderen Formen sind immer auf magische Weise in dieser einen Form gegenwärtig. Die Form wird buchstäblich zur Gottheit, und der Spieler wird zum frommen Verehrer und ekstatischen Bhakta. Bisher hat er Lila nicht als seine Grundnatur akzeptiert und blieb deshalb in den Schwingungen des sechsten Chakras gefangen, bis sich seine Energie so beschleunigte, daß sie leidenschaftlich und gewalttätig wurde. Aber da er nun Lila akzeptiert, kann er sich dem Spiel wirklich hingeben.

Er erfährt jedes Feld als ein Spiel Göttlicher Energie und fühlt seine Einheit mit jedem einzelnen Feld. Alle Felder sind Manifestationen seines Herrn. Wahres Bhakti kommt im sechsten Chakra. Der Wissende und das Gewußte, Subjekt und Objekt, Gottheit und Verehrer ... alle werden eins. Und im sechsten Chakra versteht der Spieler, daß sie eins sind, und deshalb werden die vielen ein Ganzes.

Im vierten Chakra herrscht noch Dualität, und erst durch das Wissen des fünften Chakras kommt das Einssein zustande. Ohne Spirituelle Hingabe würde der Spieler in ozeanischen Begriffen zu denken beginnen. Spirituelle Hingabe ist der Pfeil, welcher den Tropfen zum Ozean bringt, nachdem der Tropfen die Gegenwart des Ozeans in sich selbst realisiert hat.

Die ist der einzige direkte Weg zum Kosmischen Bewußtsein. Das Wesen des Kosmischen Bewußtseins konnte nicht durch bloßes Jnana oder durch Rechtes Wissen erfaßt werden. Es ist die Spirituelle Hingabe, die das Kosmische Bewußtsein in einen Freund verwandelt und die es dem Spieler ermöglicht, dem Göttlichen von Angesicht zu Angesicht gegenüberzutreten.

Wissen und Einheit bringen nur das Gewahrsein des kosmischen Prinzips zustande. Aber Hingabe läßt den Spieler das Absolute, das sich in jeder Erfahrung ausdrückt, erkennen. Das Göttliche ist überall und in allem anwesend.

Jnana macht aus dem Spieler einen Weisen, während Bhakti ihn zu einem Göttlichen Kind macht, das ewig im warmen Schoß seiner Mutter und unter dem gütigen Schutz seines Vaters lebt.

Ein Weiser muß eine weite Reise machen, um Gott zu sehen. Der Bhakta dagegen ist unaufhörlich von der Gottheit umgeben, in Myriaden von Namen und Formen in der Gesamtsumme der Erfahrung des Lebens.

Siebte Reihe
Die Ebene der Realität

55 Egoismus
Ahamkara

Aham heißt «Ich» oder «Ich bin». Kara (von Akar) heißt Form. Wenn das Ich Form annimmt, wird es Ahamkara. Wenn das Zentrum aller Aktivitäten im individuellen Selbst zum Ich des Spielers wird, dann gerät sein Ahamkara in die Gefangenschaft der Maya von *ich* und *mein*. Wenn Ahamkara – das in Wirklichkeit der höchste Aspekt der Realität ist – es nicht schafft, sich mit dem Ganzen zu identifizieren und zu einem abgesonderten, einsamen Teil wird, dann wird Ahamkara zum Egoismus.

Wenn die ganze Aufmerksamkeit des Spielers einzig darauf gerichtet ist, des Objekts seines Verlangens habhaft zu werden, dann wird er egozentrisch. Es kommt ihm nicht mehr auf die Mittel an, d. h. die einzigen guten Mittel – seien es nun rechte oder unrechte – sind solche, die ihn möglichst schnell zu seinem Ziel bringen. Solange der Spieler aber Demut und Besonnenheit, Respekt und Liebe für andere hat, werden ihm die Mittel nicht gleichgültig sein. Er weiß, daß seine eigenen Wünsche nicht so wichtig sind, daß sie es rechtfertigen würden, einem anderen Menschen Leid zuzufügen.

Aber wenn Verlangen des Spielers Seele übermannt und er sich nicht länger mit Demut, Liebe, Geduld, Respekt und Besonnenheit identifizieren kann, wird er zu einem Agnostiker und verliert im Hier und Jetzt alle Werte aus den Augen, indem er sich im Spiel in die Karmas der Bemühung um seine Identität verstrickt.

Das Verschmelzen mit dem Kosmischen Bewußtsein sieht für das Ego wie ein Tod aus. Alte Schablonen, Meinungen und Ideen müssen wegfallen, wenn der Spieler Befreiung erlangen soll. Aber Ahamkara will nicht sterben. Das Ego will in alten Identifikationen festhalten und leistet um so größeren Widerstand, je mehr sich der Spieler dem Kosmischen Bewußtsein nähert.

Die Hindu-Seher glauben, daß der Laut die Quelle der Schöpfung ist. Laute sind die feinsten der grobstofflichen Formen, in welchen die Energie vor der Schöpfung existierte. Es gibt 52 Formen, in denen Lautenergie in manifestierter Form (Akar) existiert. Als der menschliche Organismus sich entwickelte, lokalisierten sich diese Laute an den Nervenenden der psychischen Energiezentren.

Der Anfangslaut ist der einfachste Laut: Aa. Der letzte Laut ist Ha. So ist die gesamte Existenz zwischen Aa und Ha enthalten. Und das Gefühl der Identifikation, das Aa mit Ha zusammenbringt, ist Ahamkara oder das Gefühl, ein individuelles Selbst zu sein.

Für die Yogis weist das Bewußtsein im menschlichen Organismus vier grundlegende Aspekte oder Kategorien auf: Manas (Geist); Buddhi (Intellekt); Chitta (Sein) und Ahamkara (Ego). Alles, was als Sinneswahrnehmung empfangen wird, ist Geist. Das Verstehen von Sinneswahrnehmungen – ihre Kategorisierung und Bewertung – ist Intellekt, Buddhi. Der Genuß und das Gewahrwerden der Sinneswahrnehmung wird durch Chitta registriert. Und diejenige Instanz, die annimmt, sie sei es, die diese Sinneswahrnehmung als eine Person empfängt oder genießt, ist Ego oder Ahamkara. Wenn dieses Ego verabsolutiert wird, dann wird alles übrige zu einem Mittel für sie, Erfüllung zu finden. Wenn Ahamkara nicht an das Kosmische Bewußtsein angeschlossen ist, wird es zum Egoismus.

Ego ist eine direkte Wirkung des fühlenden Selbst, Chitta. Um ein Spiel spielen zu können, identifiziert sich das fühlende Selbst mit einem Objekt, das sich von Feld zu Feld bewegt und manchmal durch Pfeile in die Höhe gehoben, manchmal durch Schlangen jäh hinuntergeschleudert wird. Wenn der Spieler sich völlig mit dem Objekt identifiziert und es ihn mit Stolz erfüllt, wenn er von einem Pfeil hochgetragen wird, und deprimiert, wenn ihn die Schlange beißt, dann ist er ein Opfer des Egoismus geworden. Er ist zu sehr an das Objekt des Spiels verhaftet und hat seine eigene Göttliche Natur vergessen.

Dieses Ahamkara existiert nicht vor dem fünften Chakra. Bis dahin ist der Spieler noch im Begriff, geboren zu werden. Das fünfte Chakra ist die Ebene der Geburt des Menschen, wo Ahamkara erscheint. Das Ego geht dann durch Nichtwissen und rechtes Wissen hindurch und lernt bei seinem Eintritt ins sechste Chakra, auf die Stimme seines Gewissens zu hören.

Im siebten Chakra erreicht der Spieler wirklich seine Identität, und beginnt, sich um ein inneres Zentrum herum zu stabilisieren. Der Spieler hat herausgefunden, daß er nicht als eine gesonderte Realität für sich existiert, sondern daß er eine Manifestation von Energie ist, und daß er an irgendeinem Punkt seiner Entwicklung mit seiner Quelle verschmelzen muß. Im siebten Chakra wird das Ego mit der Gefahr des Todes konfrontiert, und daraus kann sich der Egoismus entwickeln.

Das siebte Chakra ist die höchste Ebene im Spieler-Mikrokosmos. Hier erreicht er den Gipfel und erringt alles, wonach er gestrebt hat. Es gibt nur zwei Möglichkeiten, wenn jemand einen Höhepunkt erreicht hat: Er kann nach oben hin mit der reinen Schwingung verschmelzen und formlos werden; er kann aber auch fallen. Und je höher der Spieler steigt, um so tiefer kann er fallen. Wenn Ahamkara gegen den Fluß von Sudharma ankämpft, ist Zorn das unvermeidliche Resultat. Das zieht die Energie des Spielers ins erste Chakra hinunter, wo er mit seinem Aufstieg zum Gipfel von vorne beginnen muß. Ego wird zum Egoismus, wenn der Spieler zu egozentriert wird.

In der Hindu-Mythologie sind die Puranas voll von Beschreibungen dieses Egoismus, der schon immer nach Perioden großer Buße und Strenge aufgetreten ist. Nachdem der Schüler die Gabe der Macht erlangt hatte und ein Egoist wurde, erklärte er sich zum Gott. Diese falsche Identifikation zog ihn hinunter ins erste Chakra, zu Zorn, Gier, Wahn, Eitelkeit und Habsucht. Der Planet geriet durcheinander. Die Erde erschien als Kuh vor Vishnu und bat ihn, sie von der Last des Egoismus zu befreien. In den epischen Schilderungen nimmt Vishnu, der große Beschützer des Lebens, an diesem Punkt Form an, indem er sich gebären läßt. Der Gott macht sich auf, den Drachen des Egoismus im Spieler zu erschlagen – denn dieser Egoismus läuft dem Prinzip der Erhaltung entgegen. Ahamkara ist die Nahrung von Vishnu, und Kosmisches Bewußtsein ist seine Wohnstätte.

56 Urschwingung
Omkar

Om ist der Eine Laut, der im ganzen Universum gegenwärtig ist – verkörpert und unverkörpert. Er ist die subtilste Form, in der Energie existiert. Omkar ist die Ebene der Schwingungen, die diesen kosmischen Laut erzeugen, indem sie ihrem Dharma treu bleiben. Der Spieler, der hier anlangt, entdeckt Om als den wahren Laut allen Seins.

Am Anfang war der Laut, das Wort. Und das Wort war mit Gott und war Gott. Wenn der Spieler die Falle der Begierden, die vom Geist verursacht werden, hinter sich läßt und, während er mit seinem Körper Laut erzeugt, meditiert, so kann er diesen Urlaut erfassen.

Om ist die Grundlage allen Wissens, aller Dichtung, aller Künste. Sich in der Mitte von Om anzusiedeln, öffnet dem Spieler den Zugang zu all den ungeheuren Schätzen in sich selbst, die früher durch die Maya der niederen Chakras ausgesperrt waren.

Derselbe Laut ist auch ein großartiges Mittel, um sich von Spannungen zu befreien. Eigentlich wird er von jedem Spieler bewußt oder unbewußt verwendet. Denn Om ist der Laut des Summens. Jeder summt. Hummmm. Hum. Huhh. Im besonderen bedienen sich Dichter und Komponisten zur Anregung der Kreativität dieses Lauts.

Om ist Schöpfer, Bewahrer und Zerstörer zugleich – und somit ein Ausdruck der drei Aspekte des Göttlichen. Wenn sich der Spieler mit einem störenden Element in seiner Umgebung verbunden fühlt und sich mit den harmonischen Rhythmen des Planeten in Einklang bringen will, dann braucht er nur zu summen. Der Prozeß des Summens bewirkt eine Wendung nach innen, wo er die unermeßlichen Schätze zutage fördern kann, die in den Tiefen des Bewußtseins (Chitta) verborgen liegen.

Wenn Dichter und Komponisten auf die Schwingungen niederer Chakras eingestellt sind, bringt ihr Summen Werke hervor, die dieser Schwingungsebene entsprechen. Wenn sie sich auf einer höheren Schwingungsebene befinden, siedeln sich ihre Werke auch auf dieser höheren Ebene an. Die Hindus glauben, daß alle Veden aus Om hervorgingen. Und es ist klar, daß die Veden von Heiligen oder Sehern geschrieben worden sind, die auch Dichter und Komponisten waren, die sich bereits auf hohen Schwingungsebenen befanden, denn ihr Werk ist die höchste Form der Dichtung und vom Funken des Göttlichen berührt.

Der Spieler, der in Omkar landet, hat das Bedürfnis erkannt, in seinem Leben Stille zu schaffen und es zu vereinfachen. Weltliche Ablenkungen haben ihn nur von Om und der Kosmischen Weisheit, die es freilegt, ferngehalten. Die Vereinfachung des Lebens bewirkt, daß jede Handlung bewußt wird. Man hört auf, ein Sklave der Gewohnheit zu sein. Wenn dann das eigene Sein feiner auf die Wirklichkeit eingestimmt wird, summt man tatsächlich von selbst.

Der Prozeß des Summens ist Om-en. Derselbe Laut ist in Diskussionen zu hören, wenn der Spieler ausdrückt, daß er dem Sprecher aufmerksam zuhört. Er macht einen summenden Laut – hm, ähem oder ahh. In der Form des Seufzers erleichtert Om sowohl Schmerz wie auch Spannung und verändert die Körperchemie, um schlechte Chemikalien auszuscheiden.

Das Summen bringt das ganze System in Schwingung, ganz besonders aber den Scheitel des Kopfes – das siebte Chakra. Im sechsten Chakra war Om der Laut für die Meditation; er brachte den Spieler in Kontakt mit der Wirklichkeit. Hier im siebten Chakra wird Om wirklich erfaßt – Om wird zu einer existentiellen Tatsache.

Die vedische Behauptung, Om würde den Spieler befähigen, in sich selbst Wissen zu entdecken, das in seiner, durch den Körper geprägten Lebenserfahrung niemals vorhanden gewesen war, wurde in einer Studie der Universität von Saskatchewan bestätigt. Eine Gruppe von 200 Studenten stimmte Om an und sollte gleichzeitig versuchen, auf eine bestimmte Frage die niemandem bekannte Antwort zu finden. Nachdem weniger als eine Stunde lang Om gesungen wurde, hatte jeder zehnte Student die Antwort entdeckt – im Speicher des kosmischen Wissens, welcher durch Om aufgeschlossen wird.

57 Gasförmige Ebene
Vayu-Loka

Vayu-Loka (wörtlich: die Ebene der Luft) liegt in der Nähe von Satya-Loka, der Ebene der Wirklichkeit, in der siebten Reihe des Spielbretts. Dieses Vayu ist nicht der gleiche Wind oder die gleiche Luft wie die der stofflichen Ebene oder Erde. Es ist die Essenz des physischen Elementes Luft.

Marut ist der Herrscher dieser Ebene. Er ist synomym mit Indra, dem Herrn des Himmels (Indra ist derjenige, der die Herrschaft über seine sinnliche Natur erlangt hat). Vayu-Loka ist eine Ebene, auf der der Spieler zu einem Energiestrom wird, entlang dessen die gesamte Atmosphäre sich bewegt, und er erlangt Herrschaft über Masse und Gewicht. Diejenigen, die sich hier aufhalten, sind erleuchtete Seelen mit einem leichten Körper, die Satya-Loka, die Ebene der Wirklichkeit, noch nicht erreicht haben.

Der Spieler, der in Vayu-Loka anlangt, ist durch Omkar gegangen und hat durch seine Karmas ein höheres Schwingungsmuster erlangt. Maruts sind Freunde und Brüder von Indra, die die Atmosphäre auf der physischen Ebene unter Kontrolle haben. Sie bringen den Regen und führen der Erde Lebenskraft zu. Sie werden auf der physischen Ebene zu Prana-Energie sowie zum Lebensatem der atmenden Seelen. Luft ist gleichbedeutend mit Bewegung, sowohl im Körper wie außerhalb des Körpers. Alle Bewegungen der Säfte in lebenden Organismen sind auf die Luft zurückzuführen. Luft ist lebenswichtig, und in einer jeden Zelle gibt es eine Vakuole (einen Hohlraum für die Luft). So ist die Luft in allem zu finden. Derjenige, der sich in Vayu-Loka, der Lebenskraft, dem Lebensodem, aufhält, hat dieselben Eigenschaften erlangt, die wir im sechsten Chakra vorfanden: Seine Anwesenheit kann überall und an verschiedenen Orten gleichzeitig verspürt werden; er kann nun den Grund seines Seins, das Ego, auflösen, eine gasförmige Gestalt annehmen und in der Gasförmigen Ebene schweben.

Im sechsten Chakra war die Ebene flüssig, die Flüssigkeit aber hat noch immer eine Form. Gas dagegen hat überhaupt keine bestimmte Form mehr. Flüssigkeit hat sowohl Masse als auch Gewicht: nicht so das Gas. Der Spieler ist nicht länger beladen, er hat wahre Handlungsfreiheit erlangt. Er wird schwerelos, formlos.

58 Strahlung
Teja-Loka

Teja heißt Licht, und Teja-Loka ist die Ebene des Lichts. Den Upanischaden zufolge gibt es vier Zustände des Selbst oder Bewußtseins:
1. Den Wachzustand, Jagrat genannt, in welchem das Selbst als Vaishvanara bekannt ist.
2. Den Traumzustand, Swapna, in welchem das Bewußtsein als Taijas oder Tejas bekannt ist – voller Licht oder aus Licht bestehend.
3. Den Zustand des Tiefschlafs, Sushupti, in welchem man das Bewußtsein als Pragya kennt.
4. Den veränderten Bewußtseinszustand, den man Turiya nennt: Dieses ist der unbewußt-bewußte Zustand, in welchem es als Brahman, Kosmisches Bewußtsein, bekannt ist.

Teja ist das Licht, das am Anfang erschaffen wurde. Die Welt, die wir im Wachzustand erleben, ist die Welt der Erscheinungen, die im Schöpfungsstadium nach diesem kommt. Die Welt der Erscheinungen liegt im Teja – im Licht, aus dem heraus sie Form annimmt. Teja gleicht der Welt im Traumzustand, ist es aber nicht. Dieser Zustand besteht vollkommen aus Licht. Die Bilder auf Photographien sehen genauso aus wie die wirkliche Person, sie bestehen jedoch aus verschiedenen Lichtmustern, die sich verändern, um die Illusion einer Wirklichkeit zu erzeugen. Taijas steht in Beziehung zum Astralkörper Sukshma, der aus Licht besteht und in welchem sich der Spieler während seiner Träume aufhält.

Strahlen bedeutet Licht ausstrahlen. Omkar ist Klang. Nach dem Klang kommt die Luft, Vayu-Loka. Und nach der Luft kommt das Feuer, Teja, das feinstoffliche Element, auf das alle Formen der manifestierten Welt zurückgehen. Das Feuer kann nicht ohne Luft existieren, ebensowenig wie der Spieler zu Teja-Loka gelangen kann, ohne zuerst durch die Ebene der Luft gegangen zu sein.

Jede Substanz hat einen Verbrennungspunkt, d. h. eine Temperatur, bei der sie sich in der Gegenwart von Sauerstoff entzündet. Hitze ist der Ausdruck der Erregung von Molekülen: Je schneller sich die Moleküle bewegen, um so größer wird die Hitze. Wenn die Bewegung so schnell wird, daß sie von der Substanz nicht mehr zusammengehalten werden kann, entsteht Feuer.

Wenn der Spieler höher und höher steigt, nimmt auch die Höhe seiner Schwingung zu. Im siebten Chakra erreicht er die Essenz der Schwingung. Und wenn seine Schwingung auf voller Höhe ist, durchschreitet er die Luft und ergießt sich in eine strahlende Flamme, die seine gesamte Umgebung erleuchtet.

Wenn der Spieler in Teja-Loka landet, kann sein Licht auf der ganzen Welt wahrgenommen werden. Obwohl es am Firmament Milliarden von Sternen gibt, sind nur einige wenige so hell, daß man sie sehen kann. Und in jedem Sonnensystem gibt es nur eine Sonne. Der Spieler wird auf dieser Stufe zu Licht, er wird erleuchtet. Er wird zu einer Sonne, die die Astralkörper, die notwendig sind, um ein vollständiges Sonnensystem zu bilden, um sich schart.

Die Ebene der Strahlung ist nicht direkt durch einen Pfeil erreichbar. Man kann sich ihr nur langsam und stufenweise nähern, es sei denn, man erreicht durch Übung der Spirituellen Hingabe die Erleuchtung.

59 Wirklichkeit
Satya-Loka

Satya-Loka ist die letzte Ebene der sieben Haupt-Lokas im Rückgrat des Spielbretts. Im Satya-Loka überwiegt Akash Tattva: Der Spieler erlangt hier die Welt des Shabda-Brahman und befindet sich an der Schwelle der Befreiung aus dem Kreislauf von Geburt und Wiedergeburt. Er hat die höchste Ebene erreicht, jenseit welcher Vaikuntha liegt, die Stätte des Kosmischen Bewußtseins. Dieses Loka vergeht nicht in der Nacht Brahmas, des Schöpfers. Shabda ist das Wort, das Om, welches selbst Brahman ist (die Absolute Realität, das Kosmische Bewußtsein). Shabda Brahman ist die Ebene der ursprünglichen Schwingungen: Omkar. Nachdem der Spieler durch die Ebene der ursprünglichen Schwingungen gegangen ist, kann er sich in der Wirklichkeit niederlassen.

Satya ist Wahrheit... Wirklichkeit... Gott. Hier erreicht der Spieler sein höchstes Chakra. Er wird wirklich, er verwirklicht sich. Vor dieser Ebene besteht das Spiel in nichts anderem als in der Entwicklung zu dieser eigentlichen wahren Wirklichkeit. Der Spieler, der hier ankommt, gelangt in ein harmonisches Gleichgewicht mit den Kräften des Kosmos. Es stehen keine Hindernisse mehr im Fluß seiner Energie.

Hier wird der Spieler Satchitananda (Sat = Wahrheit, Chit = Sein, Ananda = Wonne), d. h., es wird ihm klar, daß Wonne die Wahrheit des Seins ist. Er verharrt im Zustand des Samadhi, so wie ein Tropfen im Ozean ruht. Er wohnt in einem Ozean von Wonne. Seine Anwesenheit wird vom Göttlichen durchdrungen, und so überträgt er auch auf andere Spieler göttliche Gnade.

Aber selbst auf dieser Stufe ist der Spieler noch nicht völlig befreit. In der siebten Reihe des Spiels befinden sich drei Schlangen: die erste ist Egoismus, die zweite der Negative Intellekt und die dritte Tamas. Da der Spieler die Ebene der Wirklichkeit erreicht hat, ist er einer Schlange bereits entkommen. Aber zwei erwarten ihn noch, um ihn auf seiner Suche nach Befreiung zu prüfen. Wenn noch ein Rest von Zweifel oder Trägheit zurückgeblieben ist, werden ihn die Schlangen wieder hinunterziehen.

Aber wenn der Spieler im Positiven Intellekt bleibt und sein Karma-Würfel ihn mit Erfolg an der Schlange von Tamas vorbeiführt, dann warten die Glückseligkeit und die Felder der achten Reihe – und das Kosmische Bewußtsein – auf ihn. Er ist sich der Gefahren bewußt, die ihm begegnen werden, und weiß, daß er immer noch richtige Karmas vollbringen muß, um sein Ziel zu erreichen. Dies ist auf der Ebene der Wirklichkeit seine Einsicht.

Er sieht ein, daß es nicht genügt, auf die Schwingungen des siebten Chakras eingestimmt zu sein, um das Kosmische Bewußtsein zu erreichen. Da gibt es noch mehr Karmas, mehr Prüfungen. Es warten keine Pfeile mehr auf ihn, keine plötzlichen Aufschwünge der Energie. Er muß entsprechend seinen Karmas seinen Weg weitergehen.

60 Positiver Intellekt
Subuddhi

Subuddhi ist richtiges Verständnis – das sich erst nach dem Durchgang durch die Ebene der Wirklichkeit einstellt. Nachdem der Spieler Satya-Loka erreicht hat, erlangt er das vollkommene, nichtdualistische Bewußtsein und nimmt das Göttliche in allen Erscheinungsformen wahr. Nichtdualistisches Bewußtsein ist wahres Subuddhi.

Solange der Spieler in seinem Körper ist, spielt der Intellekt seine Rolle. Er unterscheidet, hebt hervor und wertet. Im siebten Chakra beziehen sich diese Werturteile nicht mehr auf die Außenwelt, sie wenden sich nach Innen, um der Inneren Wirklichkeit des Spielers auf den Grund zu gehen. Jedes Urteil bewirkt eine Veränderung im Chemiehaushalt. Die daraus resultierenden Zustände sind als Gefühle bekannt.

Sobald der Spieler das Kosmische Bewußtsein erreicht, verliert der Ring, das Symbol für seinen Körper, seine Bedeutung. Aber bis das achtundsechzigste Feld erreicht ist, sind die vier Fähigkeiten des Bewußtseins – Buddhi, Manas, Chitta und Ahamkara – immer noch in Funktion. Ahamkara wird in seiner negativen Phase zum Egoismus. Buddhi nimmt ebenfalls eine positive und eine negative Form an, während Chitta in ständiger Wechselwirkung mit den drei Gunas bleibt.

Vor dem Erreichen der Ebene der Realität wird Buddhi nicht zu einer selbständigen Erscheinung, was ebenso für Ahamkara gilt. Nach der Erfahrung des Samadhi im siebten Chakra und der Erkenntnis, die aus der unmittelbaren Erfahrung des Noumenon kommt, beginnt Buddhi diese Erfahrung zu analysieren und einzuordnen. Und hier entscheidet es sich, ob die Richtung positiv oder negativ ist.

Positive Art des Schweigens (Subuddhi) erlangt man, indem man dem Pfad des Dharma folgt, dem Ausgangspunkt des Pfeiles, der hier endet. Positiver Intellekt zusammen mit dem Fluß des Dharma sind zwei der mächtigsten Werkzeuge, die dem Spieler auf seiner Suche nach Befreiung helfen.

61 Negativer Intellekt
Durbuddhi

Wenn der Spieler dem Gesetz des Dharma nicht folgt und die kosmische Natur der Existenz und die Tatsache, daß die Göttliche Gegenwart alle seine Erfahrungen durchdringt, bezweifelt, wird er von der Schlange des Negativen Intellekts verschlungen und in die Nichtigkeit hinunterbefördert.

Dort kann er weder die niederen Ebenen zu Hilfe nehmen noch sich an Dharma wenden. Er muß durch alle Schwingungsebenen des zweiten Chakras hindurch, es sei denn, die Pfeile von Erbarmen oder Nächstenliebe kommen ihm zu Hilfe. Wenn ihm die Pfeile aber nicht zu Hilfe kommen, muß er für seine Negativität büßen und Dharma wiederfinden oder eine völlig neue Handlungsweise entwickeln.

Buddhi ist zur gleichen Zeit eine große Falle und ein großartiges Werkzeug zur Befreiung. Als Subuddhi ist es ein Werkzeug im Dienste der Befreiung, als Durbuddhi ein in die Tiefe ziehender Strudel, der die psychische Energie zurück auf die Ebene der Einbildung saugt.

Durbuddhi verkörpert jene negativen Werturteile im Spieler, die ihn dazu veranlassen, Möglichkeiten auszuschließen. Um sein Ziel zu erreichen, muß der Spieler fähig sein, alles, was die Welt ihm präsentiert, zu akzeptieren. Wenn er irgendeinen Aspekt ablehnt, wenn er die Gegenwart Gottes in irgendeiner Sache bezweifelt, lehnt er damit gleichzeitig Gott ab. Denn das Göttliche ist Wirklichkeit. Alles ist die Manifestation des Einen.

Durbuddhi ist Negation – Negation des Göttlichen. Das ist der Grund, warum der Spieler, der hierherkommt, in der Nichtigkeit wohnt. Seine Verneinung Gottes beraubte ihn aller Energien, und so findet er sich in der Sinnlosigkeit. Bis er akzeptieren kann, was er abgelehnt hat, bis er Dharma wiederfindet, hat er keine Hoffnung auf Befreiung.

Aber Nichtigkeit ist ein vorübergehender Zustand. Das Kosmische Bewußtsein ist das einzig Absolute. Und wenn der Spieler wieder das siebte Chakra erreicht, kann ihm seine zwangsweise Verbannung in die Nichtigkeit zur Einsicht verhelfen, die notwendig ist, um den positiven Intellekt aufrechtzuerhalten und dem Rachen dieser Schlange zu entkommen.

62 Glückseligkeit
Sukh

Ein Gleichgewicht in der Körperchemie und in den psychischen Erscheinungen: das ist Glück. Sukh, Glückseligkeit, ist ein Zustand, den der Spieler durch Vivek, das Gewissen, erreicht, oder indem er Om summt, Samadhi verwirklicht und einen Positiven Intellekt aufrechterhält.

Sukh kommt zum Spieler, wenn sein Gewissen ihm sagt, daß er seinem Ziel sehr nahe ist, wenn er die Gewißheit hat, daß er sich der Befreiung nähert. Das Gefühl, das er erfährt, ist unaussprechlich, es übersteigt die Ausdrucksfähigkeit von Worten. Der Spieler fühlt die Glückseligkeit des Flusses, der sich nach einer Reise von Tausenden von Kilometern endlich mit dem Ozean vereinigt – es ist das Gefühl, mit dem eigenen Ursprung zu verschmelzen.

Wenn der Spieler in diesem Zustand der Glückseligkeit seine Karmas nicht vernachlässigt und nicht träge und untätig wird, hat er eine wirkliche Chance, das Kosmische Bewußtsein noch in diesem Leben zu erreichen. Aber wenn er sich von der Erfahrung der Glückseligkeit überwältigen läßt und es nicht fertigbringt, zu handeln, im Glauben, seine Mission sei nun erfüllt, dann lauert die Schlange von Tamas gerade neben ihm, um ihn zu verschlingen und um seine Energien ins erste Chakra hinunterzuziehen.

Das Spiel sagt uns, daß er immer noch eine Sechs braucht, um sein Ziel zu erreichen, genauso wie er eine Sechs brauchte, um geboren zu werden. Aber wenn er träge wird, wenn er das Gefühl hat, für ihn sei nichts mehr zu tun, dann erwartet ihn Tamas und dahinter die Illusion.

Das wahre Glück fällt dem Spieler zu, der ausgeglichen bleibt, wenn er seinem Ziel näher kommt. Das Spiel ist als Ganzes wichtig. Der stabile Intellekt des Spielers ermöglicht ihm die Wahrnehmung dahinströmender Formstrukturen – des Stromes des Dharmas. Er akzeptiert, was immer das Leben an ihn heranbringt und weist nichts zurück. Auch wenn er die achte Ebene erreicht und dann wieder auf die Erde zurück muß, fühlt er das Glücksgefühl, das aus dem Wissen entspringt, daß es ein erreichbares Ziel gibt.

63 Tamas

Im Sanskrit heißt Tamas dunkel oder weist auf die Dunkelheit hin. Dunkelheit ist die Abwesenheit von Licht. Licht ist Wissen. Dunkel ist Nichtwissen. Nichtwissen ist Verstand. Daneben hat Tamas im Sanskrit noch eine zweite wörtliche Bedeutung: Tamas heißt Schlange. Tamas ist eine dunkle Schlange, die längste Schlange in diesem Spiel; eine Schlange, die den Spieler unbarmherzig in die Illusion zurück und aus der Erleuchtung der Ebene der Wirklichkeit herauszieht.

Im siebten Chakra ist Tamas die Unwissenheit, die entsteht, wenn der Spieler den Sinneswahrnehmungen Bedeutung beimißt. Es ist die Unwissenheit, die auf das Erlangen des Glücksgefühls folgt in der Annahme, der Lauf der Karmas sei nun zu Ende. Aber der Spieler kann nicht alle Karmas stoppen. Von der Glückseligkeit aus gesehen ist das höchste Karma eine Sechs, das niedrigste eine Eins. Der Spieler kann nicht vollständig aufhören zu handeln.

Tamas ist die vollständige Kapitulation vor der Illusion. Der Spieler hat sein Wissen um das nie endende Wesen des Spiels aus den Augen verloren. Er hat vergessen, daß das Spiel nicht zu Ende ist, bis die Befreiung erreicht wird. Untätigkeit ist ein Versuch, dem Gesetz des Karma aus dem Weg zu gehen. Karma ist Dharma in Aktion.

Der Spieler, der in Tamas landet, hat vergessen, daß das Spiel nicht mit der siebten Ebene aufhört, daß Samadhi zu erlangen noch nicht heißt, Befreiung zu erlangen. Auch wenn die Bewegung langsamer aufwärts fließt, so muß sie doch immer noch ausgedrückt werden. Und vom höchsten Chakra aus gibt es natürlich nur die Abwärtsrichtung. Den Spieler, der hier seine Karmas vernachlässigt, erwartet nun die längste der Schlange.

In jedem Ereignis sind drei Faktoren am Werk. Der erste ist Dharma, das Wesen der Handlung. Als zweites kommt Karma, die Handlung selbst. Das dritte ist Untätigkeit, Trägheit, Widerstand. Aufgrund der Natur des Spiels löst Untätigkeit einen Abwärtsfluß der Energie aus. Karmas sind unvermeidbar. Der Versuch, ihnen aus dem Wege zu gehen, ist selbst wieder ein Karma, eine Handlung – ein Karma, das den Spieler ins zweite Feld, in die Illusionn zurückbringt.

Tamas ist mit dem Zustand des Tiefschlafs gleichbedeutend. Wenn die Sinnesorgane vollständig zurückgezogen sind und das Bewußtsein sich in Schlaf auflöst, ist der Spieler nicht viel mehr als eine Leiche – obwohl er immer noch atmet. In der Meditation, wenn alle geistigen Aktivitäten aufhören und die Sinneswahrnehmungen nach innen abgezogen werden, wird es für den Spieler leicht, aus dem sattvischen handlungsfreien Zustand unendlich sanft in den hypnotischen Zustand überzugleiten und schließlich im Tiefschlaf zur Ruhe zu kommen. Aus diesem Grunde fällt Tamas in die siebte Reihe des Spiels.

An dieser Stelle wird Tamas zu einer Schlange. In anderen Feldern, mit deren Schwingungen der Spieler harmoniert hat, war Tamas für ihn notwendig. Aber hier, auf der Ebene der Meditation (einer Form von Untätigkeit), ist Tamas eine Schlange, die den gesamten Verlauf des Energieflusses verändert und den Spieler in die Illusion hinunterzieht. Tamas ist ein Attribut von Tamoguna und somit die Manifestation dieses Gunas im Mikrokosmos. Wenn von derselben Kraft als von einem Attribut von Prakriti, der Ebene der Erscheinung, die Rede ist, wird sie Tamoguna genannt.

Achte Reihe
Die Götter

64 Erscheinung
Prakriti-Loka

Sri Krishna definiert in der Bhagavadgita Prakriti zweifach: als manifestiertes und Göttliches Prakriti. Manifestiertes Prakriti ist die Welt der Erscheinungen, die sich aus Erde, Luft, Wasser, Feuer und Akash zusammensetzt, sowie Geist (Manas), Intellekt (Buddhi) und dem Ego (Ahamkara). Dieses Prakriti ist achtfältig und grobstofflich. Das Göttliche Prakriti ist Maya Shakti. Krishna sagt zu Arjuna, nachdem er das achtfältige manifestierte Prakriti genannt hat: «Erkenne mein anderes Prakriti, das höhere, das Leben aller Existenz, durch welches das Universum aufrechterhalten wird.» Dieses ist das unvergängliche Prakriti, der Wille des Höchsten, immer und ewig im Fluß. Dieses Prakriti liegt jenseits der sieben Lokas, jenseits von Akash. Das hier vorherrschende Element ist Mahat, welches die Quelle aller anderen Elemente ist: des Geistes, des Intellekts und des Ego. Maha ist groß, das *t* steht für Tattwa (Element); daher ist Mahat das Große Element Maha Tattva – aus welchem die acht niederen Elemente hervorgehen.

So stammt die grobstoffliche Erscheinungswelt aus dem Göttlichen Prakriti. Nachdem der Prozeß der Manifestation durch die Evolution des individuellen Selbst oder des Menschen vollendet ist, setzt eine Gegenevolution ein – das Selbst will zu seiner Quelle zurückgelangen. In diesem Prozeß beginnt der Spieler auf der Physischen Ebene (auf welcher er auf seiner Reise vom Subtilen zum Grobstofflichen angelangt ist) und steigt durch Karmas und sprituelle Disziplin die sieben Lokas hinauf. Wenn er Tamas überwinden kann, erreicht er Prakriti-Loka.

Der Spieler wird bis zur siebten Ebene des Spiels mit Manifestationen von Prakriti konfrontiert. Nachdem er die sieben Ebenen passiert hat, ist er um viele Erfahrungen und Perspektiven reicher geworden. Er ist nun imstande, das, was hinter der Welt der Sinnesobjekte liegt, zu erfassen: es ist Prakriti. Jeder Wahrnehmung entspricht ein Begriff. Ein Begriff ohne Wahrnehmung ist leer, und eine Wahrnehmung ohne Begriff ist blind. Mit den Wahrnehmungen aus seiner Erfahrung nähert sich der Spieler nun dem Begrifflichen. Jetzt versteht er den Urquell der phänomenalen Existenz.

Im Sanskrit bedeutet Prakriti die ursprüngliche Form einer Sache; Ursprung oder Quelle; stoffliche Ursache; der Stoff, die Materie, aus der alles geformt ist; eine Formstruktur; eine Frau; eine Mutter . . .

Prakriti ist Energie in ihrer Urform. Prakriti ist energiegewordenes Bewußtsein, Bewußtsein als Energie, bewußte Energie in undifferenzierten Schwingungen. Aus diesem Zustand entwickelt sich die Phase der Energieverdichtung, der Differenzierung und der Manifestation. Und aus dieser Konsolidierung heraus manifestiert sich die Energie in drei grundlegenden Dimensionen:

1 Der materielle Gehalt (der auch Trägheit, latentes Potential ist), der den Körper der Erscheinung, des Phänomens bildet.
2 Aktion und Interaktion im Prozeß der Entwicklung.
3 Der Sinn und die Bestimmung, die dem Phänomen innewohnen – das Noumenon.

Wenn der Spieler auf Prakriti-Loka landet, nachdem er durch die Ebene der Wirklichkeit hindurchgegangen ist, kann er die drei Gunas und die fünf Elemente in ihrer essentiellsten Form erfassen.

65 Innerer Raum
Uranta-Loka

Nach der Durchquerung der siebten Spielreihe und nach der Realisierung der Existenz von Prakriti beginnt der Spieler, mit der Quelle des Phänomenon, mit dem großen vorenergetischen Bewußtsein, zu verschmelzen. Im Moment der Verschmelzung hört jede Dualität auf. Dem Spieler wird die reine Erfahrung seiner eigenen unermeßlichen Dimensionen zuteil, des unendlichen Raums, der im Selbst liegt.

«Ur» bedeutet das fühlende Selbst. «Ant» heißt Ende. Uranta-Loka ist der Ort, wo das fühlende Selbst endet, wo jedes Gefühl der Trennung aufhört. Der Spieler erfährt die unfaßbaren, unergründlichen Tiefen seines eigenen Selbst. Er findet die Entwicklung und Auflösung der ganzen Schöpfung innerhalb eines einzigen Atemzugs. Er sieht, daß alle trennenden Schranken illusorisch sind. Er hat das Wesen von Prakriti verstanden und das Einssein realisiert, das hinter jeder Erscheinung verborgen ist. Und jetzt verschmilzt er mit diesem Einssein.

Hier gibt es keine Gründe mehr. Das Zeugen-Selbst hat sich nun vollständig verwirklicht. Es gibt kein Gut und Schlecht mehr, keine Tugend und Untugend mehr. Der Spieler ist eine klare Linse, die alles Licht ohne Einschränkung passieren läßt.

Eine Beschreibung von Uranta-Loka kann in den Puranas oder in den heiligen Samhitas gefunden werden. Werke, die von Sehern und Heiligen niedergeschrieben wurden, die dieses Feld erfahren haben. Sie beschreiben dort sehr anschaulich das Kosmische Wissen, das durch sie hindurchfloß. Sie wurden zur Linse der Lampe des reinen Wissens. Sie verstehen alles und halten an nichts fest.

66 Wonne
Ananda-Loka

Bewußtsein ist Wahrheit, Sein und Wonne – Sat-Chit-Ananda. Ananda ist die höchste Wahrheit, die Essenz des Seins.

Im Prozeß der Manifestation umgibt sich das Selbst nach und nach mit fünf Hüllen. Die erste und feinste Hülle ist Ananda-Maya-Kosha, die Hülle des reinen Seins, des reinen Fühlens, des reinen Bewußtseins. Das ist die Hülle der Wonne (Ananda). In ihrer Mitte befindet sich das Kosmische Bewußtsein.

Die zweite Hülle ist die Hülle des Ego und des Intellekts; diese Hülle heißt Vijnana-Maya-Kosha. Vijnana setzt sich aus Vi und Jnan zusammen; Vi bedeutet jenseits, Jnan Wissen, Maya bedeutet versunken und Kosha Hülle. Diese Hülle, in der es um das Wissen des Jenseits geht, ist das Ego (welches sich als eine getrennte Wirklichkeit wahrnimmt) und der Intellekt (der alles bewertet).

Die dritte Hülle ist die Hülle des Geistes, Mano-Maya-Kosha (Manas = Geist). Der Geist funktioniert mit Hilfe der fünf Sinnesorgane: dem Ohr, der Haut, dem Auge, der Zunge und der Nase. Alle Wahrnehmungen der Erscheinungswelt, der Welt des Verlangens, stammen aus diesem Bereich.

Die vierte Hülle ist Prana-Maya-Kosha, die Hülle des Prana, der essentiellen Lebenskraft, jener Energie, die durch die fünf Handlungsorgane und Kreisläufe des Körpers wirkt, einschließlich des Blutkreislaufes, der Atmung und des Nervensystems, durch welches die Karmas vollzogen werden.

Die fünfte und gröbste Hülle ist Anna-Maya-Kosha. Anna bedeutet die Nahrung, aus welcher die Muskeln, Haut, Zähne, Blut- und Samenzellen entstehen – kurz, die physische Erscheinung des Menschen.

In der Entwicklung des inneren Selbst wird dieser Prozeß umgekehrt. Der Spieler steigt von Anna-Maya-Kosha auf zu Prana-Maya-Kosha und weiter und läßt sich schließlich, nachdem er durch vier der Hüllen gegangen ist, in der Hülle der Wonne, Ananda-Maya-Kosha, nieder. Ananda ist die Haupteigenschaft des Bewußtseins. Es ist nicht das gleiche wie Vergnügen, Glück, Freude oder Entzücken. Diese können erklärt, beobachtet und bewertet werden. Sie sind relative Zustände, welche der Intellekt (Buddhi) ermessen und einordnen kann. Buddhi führt zu Jnana, dem Pfeil, welcher zur Ebene der Wonne führt. Ananda ist das Urgefühl, von dem alle anderen nur Manifestationen sind. Es liegt jedem Gefühl zugrunde und ist im Herzen des Seins des Spielers immer zugegen.

Ananda kann aber nur unmittelbar erfahren werden; es kann nicht an anderen beobachtet werden. Ein Taubstummer kann den Geschmack von etwas Süßem nicht mit Worten mitteilen. Er kann nur Bewegungen, Gesten und seinen Gesichtsausdruck gebrauchen. Ananda kann nicht beschrieben werden. Ananda kann überhaupt nicht ausgedrückt, sondern nur erfahren werden.

In Uranta-Loka hörte das fühlende Selbst auf. Alle Gefühle werden eins, wenn die Welt der Sinnesobjekte eins wird. Gefühle basieren auf Sinneswahrnehmungen. Und Prakriti-Loka gab dem Spieler das Wissen, daß alle Sinnesobjekte nur Ausdrucksweisen des Einen Phänomens sind.

Hier bleibt nur noch ein einziges Gefühl zurück, das Gefühl der Wonne.

Die Erfahrung der Wonne ist schwierig zu verwirklichen, bis man Weisheit erlangt hat und sich verwirklicht hat. Die einzige Alternative ist, sich voll auf Dharma zu konzentrieren, während man Stufe für Stufe die Reise durch die Ebenen aufwärts macht, so daß man alle Schlangen vermeidet.

67 Kosmische Güte
Rudra-Loka

Rudra ist einer der Namen von Shiva. Die Schöpfung ist der Beginn der dreifachen Aktivität. Darauf folgt die Erhaltung der manifestierten Formen und schließlich deren Zersetzung oder Vernichtung. Somit geht ein jedes Ding in der Erscheinungswelt durch den Schöpfungszyklus, die Erhaltung und die Vernichtung. Diese drei Abläufe werden durch die drei Kräfte des einen Schöpfers in Gang gehalten, den niemand geschaffen hat und der alles erschafft. Er erschafft aus dem Willen des Schöpfers (Brahma), des Erhalters (Vishnu) und des Zerstörers (Shiva). Diese drei stehen in Wechselbeziehung zueinander. Die Schöpfung ist der Göttliche Wille, und so steht es auch mit der Erhaltung und Zerstörung. Ohne die falsche Identität zu zerstören – die Idee einer getrennten Wirklichkeit, des individuellen Ego – ist wahre Vereinigung nicht möglich. So ist es Shiva, der das individuelle Bewußtsein mit dem Kosmischen Bewußtsein vereint.

Rudra ist der Herr des Südens in der Welt der Erscheinungen, und er ist die zornige Form von Shiva. Er wurde Rudra genannt, weil er aus dem Schrei des Schöpfers, Brahma, geboren wurde. Durch seine Gnade leben die Sterblichen, ergötzen sich am Göttlichen Spiel, schaffen, zerstören oder zahlen Karmas zurück – wobei die physische Ebene oder Welt der Erscheinungen das Karma-Land ist.

Shiva bedeutet auch Gutes, Gutes für alle. Er ist das kosmisch Gute, das das alchemistisch Magnetische in elektrische Energie umwandelt und sie zu ihrer Quelle zurücksendet. Die Evolution des individuellen Bewußtseins wird auf dieser Ebene des Rudra vervollständigt. Von da aus ist es nur noch ein Schritt bis zur Vereinigung mit dem Kosmischen Bewußtsein. Dieses ist das Loka, auf dem die endgültige Reinigung des Spielers stattfindet. Diese Ebene liegt jenseits des manifestierten Universums und ist aus dem gleichen Element wie Ananda-Loka, der Ebene der Wonne, geschaffen.

Wissen, Fühlen und Tun sind die drei Attribute des menschlichen Bewußtseins. Was Wissen? Die Antwort ist: die Wahrheit. Was Fühlen? Schönheit. Was tun? Das Gute. Da der Spieler immer noch das Spiel spielt, sind diese drei das Summum bonum der menschlichen Existenz. Das Gute ist Chit. Wahrheit ist Sat. Schönheit ist Ananda – Satchitananda.

Durch das Befolgen des Pfades von Satyam Shivam Sundaram – Wahrheit-Schönheit-Güte – wird man Satchitananda. Diese drei Aspekte des Bewußtseins sind auch bekannt als Bindu, Bidsha und Nada und werden als die drei Hauptgötter Brahma, Vishnu und Rudra verehrt.

Gutes tun erfordert ein Wissen um das Richtige. Und Rechtes Wissen kann der Spieler direkt vom fünften Chakra zur Erfahrung der Kosmischen Güte führen. Der Spieler, der hierherkommt, setzt dem Fluß des Dharma keinen Widerstand mehr entgegen. Er tut einfach seine Arbeit, was immer auch die kosmischen Mächte von ihm verlangen.

Rudra-Loka ist eines der drei zentralen Felder der obersten Reihe des Spiels. Diese Felder sind die Wohnungen der Gottkräfte, die für die ganze Schöpfung verantwortlich sind: die Kräfte, mit denen sich der Schüler zu identifizieren versucht.

Der Spieler, der sich mit dem Rechten Wissen zu identifizieren versucht, befindet sich in der Wohnung von Shiva (wie Rudra öfter genannt wird). Hier verwirklicht er das Rechte, das kosmisch Gute. Die Essenz der Kosmischen Güte ist die Wahrheit, ihre Form ist die Schönheit.

68 Kosmisches Bewußtsein
Vaikuntha-Loka

Über und jenseits aller anderen Lokas, im Bereich des Jenseits, liegt Vaikuntha – das Loka des Kosmischen Bewußtseins, das Prana manifestierter Wirklichkeit. Diese Loka besteht auch aus Mahat, jenem «Element», das die Quelle aller Elemente und selbst keines ist.

Schon bevor der Spieler zu spielen angefangen hat, hat er die Wichtigkeit und die Bedeutung dieses Feldes – der Ebene des Seins –, das immer sein Ziel ist, bereits anerkannt. Was für Wünsche ihn auch immer von seinem Weg abbringen mögen, dies bleibt immer sein höchstes Verlangen: Moksha, Befreiung zu erlangen.

Vaikuntha ist die Heimatstätte von Vishnu und die Ebene, die jeder Hindu zu verwirklichen hofft, wenn er aus der gegenwärtigen Existenzform hinaustritt. Die Wohnung von Vishnu ist die Ebene des Kosmischen Bewußtseins, weil Vishnu die Wahrheit, der große Beschützer und Erhalter des Bewußtseins, das sich im Aufstieg befindet, ist.

Der karmische Würfel ist der Einzige, der die Schwingungsebene des Spielers zu allen Zeiten beobachtet. Der Würfel ist der Eine, der bestimmt, wohin der Spieler muß und wie er vorgehen soll. Der Spieler kann Astanga-Yoga, dem achtfachen Pfad des Yoga, folgen und sich Pfad für Pfad durch die acht Ebenen entwickeln. Oder er kann dem Weg des Dharma folgen und ein Bhakta, ein Schüler, werden. Alle Wege führen zum selben Ziel.

Egal, welchen von den unendlichen vielen Wegen er gegangen ist: Nun ist der Spieler im Haus des Vishnu angekommen. Vishnu ist die Essenz aller Schöpfung, das Kosmische Bewußtsein selbst, die Wahrheit. Das ist der Grund, warum dieses Feld direkt über der Ebene der Wirklichkeit liegt. Wahrheit ist die höchste Wirklichkeit.

Der Ring, der den Spieler symbolisierte, geht nun an den Finger desjenigen zurück, der ihn trug. Er hat jede Bedeutung verloren. Das Spiel ist zu Ende. Was jetzt geschieht, hängt ganz vom Spieler ab. Das Wesen des Spiels ist einfach. Im Kosmischen Spiel geht es darum, zu entdecken, durch welche verschiedenen Kombinationen, mit welchen neuen Karmas, mit welchen Gefährten der Spieler von neuem ins Spiel einsteigen kann, um erneut den Zustand anzustreben, der seine wahre Heimat ist. Er kann das Versteckspiel mit sich selbst fortsetzen. Oder er kann für immer jenseits des Spiels bleiben. Er kann aber auch zur Erde zurückkehren, um zu sehen, ob er anderen Menschen helfen kann, das Ziel zu erreichen – das ist die Rolle des «zweimalgeborenen Boddhisattva». Diese Wahl kann von niemandem sonst getroffen werden; sie liegt bei ihm selbst.

69 Ebene des Absoluten
Brahma-Loka

Auf der einen Seite von Vaikuntha liegt das Loka von Rudra, auf der anderen Seite das Loka von Brahma, womit die Dreiheit Brahma, Vishnu und Shiva die Mitte des Spielbretts in der obersten Reihe einnimmt. Diese Ebene liegt über dem Manifestierten: den sieben Hauptebenen und den geringeren Ebenen, den auf dem Spielbrett erwähnten und die nicht erwähnten Ebenen. Hier ist das vorrangige Element wiederum Mahat. Jene, die sich in der Wahrheit niedergelassen haben, halten sich hier ohne Angst auf, wieder karmische Rollen annehmen zu müssen, während jene, die Erbarmen üben, ebenfalls die Ebene Brahmas erreichen, des Schöpfers, und sich furchtlos hier aufhalten.

Brahma ist der Schöpfer der phänomenalen Existenz, des manifestierten Seins. Er ist das aktive Prinzip des Noumenon, d. h. diejenige Kraft, die das Bewußtsein in die zahllosen Energie- und Formstrukturen verwandelt. Seine Wohnstätte ist Brahma-Loka.

Der Spieler, der hier landet, verschmilzt mit diesem Absoluten, diesem subtilen Prinzip hinter den vielen Formen des manifesten Universums. Brahma ist der kosmische Organisator, der Eine, der die Gesetze der Form bestimmt.

Obwohl unmittelbar neben dem Kosmischen Bewußtsein in der achten Reihe des Spiels gelegen, kann Brahma den Spieler nicht befreien. Das Spiel muß weitergehen. Brahma bestimmt die Form des Spiels, aber das Spiel besteht nicht nur aus Form. Nur die Wahrheit kann den Spieler befreien.

Das Spiel muß weitergehen. Die drei Gunas erwarten den Spieler, und die Schlange Tamoguna wird ihn irgendwann zur Erde, zur Mutter zurückbringen. Wenn er so wieder ins sechste Chakra zurückkehrt, tut er dies nicht ohne die Einsicht in die Prinzipien des Spiels, die er in Brahma-Loka gewonnen hat. Diese Einsicht kann ihn seinem Ziel näherbringen. Und auf der Erde wartet, einen Würfelwurf entfernt, die Spirituelle Hingabe.

70 Satoguna

Sat heißt Wahrheit. In befreitem Zustand ist die Wahrheit Kosmisches Bewußtsein. Aber dieselbe Wahrheit wird, verbunden mit dem karmischen Würfel, Gegenstand der drei Gunas oder der drei grundlegenden Aspekte des Bewußtseins. Guna heißt Attribut, Eigenschaft. Attribute sind Qualifikationen, Bedingtheiten, die dem Spieler auferlegt werden, solange er noch an den karmischen Würfel gebunden ist.

Wahrheit ist die Essenz der Existenz. Und in allem, was existiert, wirken die drei Gunas. Wahrheit kann nicht aus sich selbst bestehen; sie würde ins Kosmische Bewußtsein hineinverschmelzen.

Aber das Spiel ist ja noch nicht zu Ende. Der Ring ist immer noch da. Durch die drei Gunas wird sich deshalb das Bewußtsein für den Rest des Spiels manifestieren. Der Spieler muß auf die Erde und ihrem Spiel zurückkehren, die beide Produkte der Gunas sind.

Sattva allein wird einen Zustand des Gleichgewichts erzeugen. Dazu braucht es Aktivität und Stoff, der aktiviert werden kann. Satoguna ist gleichbedeutend mit Licht, Essenz, wahre Natur, Schwingung in ihren höchsten Frequenzen. Der Zustand der absoluten Ruhe in der Meditation, aus dem Samadhi entstehen kann, tritt ein, wenn Sattva vorherrschend ist.

Alles, was existiert, enthält Sattva, Rajas und Tamas. Aber nichts ist nur sattvisch, rajisch oder tamisch. Solange Form, die eine Schöpfung von Brahma ist, existiert, sind alle drei Aspekte anwesend; nur in einem ständig verschiedenen Verhältnis.

Seinszustände können als sattvisch (Samadhi), rajisch (Bewegung) oder tamisch (Schlaf) charakterisiert werden. Aber in jedem dieser Zustände sind auch die beiden andern Aspekte vorhanden.

Im Wachzustand herrscht Rajas vor, während Sattva im Hintergrund zum Verständnis und Wissen beiträgt und den Spieler befähigt, seine Rolle zu spielen.

Im Traumzustand herrscht wiederum Rajas vor, und das Traumselbst wird von Sattva unterwiesen. Wir sehen in unseren Träumen keine Dunkelheit: das Licht in den Träumen rührt von Sattva her. Träume sind Reinigungsprozesse, und im Traumzustand ist man nicht an die Gesetze der Physischen Ebene gebunden. Der Spieler befindet sich dann in seinem Astralkörper – weg von seinem physischen Körper und außerhalb desselben, jedoch durch sattvische Bande mit diesem verbunden.

Im Zustand des Tiefschlafs herrscht Tamas vor, während Sattva und Rajas sich zurückziehen.

In Turiya – den Zustand unbewußter Bewußtheit oder Samadhi, Trance – befindet sich der Spieler in reinem Sattva. Ist man fähig, über die Gunas hinauszugehen, so ist man ein verwirklichtes Wesen jenseits der Gunas. Diese sind die dynamischen Kräfte, die im uranfänglichen Prakriti Veränderungen hervorrufen und den Prozeß der Manifestation unterstützen, indem sie wirksam werden, wenn der Schöpfungszyklus beginnt. Sie sind nicht drei verschiedene Wesenheiten, sie sind vielmehr austauschbar. Sattva wird im Prozeß der Evolution zu Tamas und erschafft die Schwingungszahl des Klangs, der Berührung, der Sicht, des Geschmacks und des Geruchs. Die verwandelnde Kraft dabei ist Rajas. Tamas wird auf dieselbe Weise mit Hilfe von Rajas in der Entwicklung des Bewußtseins zu Sattva. Sattva allein ist nicht aktiv, und ohne Hilfe von Rajas kann es sich nicht verändern. Sattva herrscht auf der Erde von der Dämmerung bis drei Stunden nach Sonnenaufgang vor.

71 Rajoguna

Rajoguna ist Aktivität im Bewußtsein oder Bewußtsein in Aktivität. Wenn der Spieler die achte Ebene erreicht, aber es nicht geschafft hat, Kosmisches Bewußtsein zu erlangen, wird er durch Karma, Aktivität, weitergetrieben. Diese Aktivität ist die Ursache allen Leidens.

Aktivität setzt jemanden voraus, der handelt, und derjenige, der handelt, fällt leicht dem Ehrgeiz zum Opfer und ist auf Belohnung aus. Und auf der Jagd nach Belohnungen und Befriedigung der Begierden verursacht jedes Hindernis Leiden, Schmerz und Kummer. Wenn Rajoguna dominiert, können Schmerz und Qual das Resultat sein.

Im Samadhi löst der Spieler Rajoguna in Satoguna auf und wird zu reinem Licht, Sattva. Wenn Rajoguna zurückbleibt, kann er das Samadhi nicht erreichen, und Tamas zieht ihn auf die Erde zurück. Weil Karmas sich anhäufen und Schwingungsfrequenzen erzeugen, nehmen diese Formstrukturen Gestalt an und werden zum Anlaß und Inhalt des Spiels.

Rajoguna gleicht die zwei anderen Gunas, Sattva und Tamas, aus. Tamas versucht, Sattva zu beherrschen. Sattva versucht, Tamas zu beherrschen. Beides sind extreme Energiezustände innerhalb dieser drei Bewußtseinsaspekte. Aber da kein Guna für sich allein existieren kann, versucht Rajas, Sattva und Tamas im Gleichgewicht zu halten und bringt auf diese Weise die Welt von Freude und Leid, von Name und Form zustande.

Rajoguna ist von drei Stunden nach Sonnenaufgang bis zum Abend wirksam, wenn die Sonne unterzugehen beginnt. Während dieser Zeit herrscht Aktivität auf dem Planeten Erde, und alle Karmas, die das Erhalten des Lebens betreffen, werden aufgeführt. Rajas macht den Spieler vollkommen extravertiert – und wenn er aufhört, extravertiert zu sein, wird Rajoguna zu einem inneren Dialog. Ohne Rajas in Sattva zu verwandeln, ist das Erlangen höherer Bewußtseinszustände nicht möglich. Indem man Rajoguna in sattvischen Belangen einsetzt, kann man im Sattva verweilen, auch während man aktiv ist.

72 Tamoguna

Nach Sonnenuntergang herrscht Tamoguna bis zur Morgendämmerung vor – und versetzt die Welt in einen Schlafzustand. Als Gunas verbleiben Sattoguna, Rajoguna und Tamoguna im ursprünglichen Prakriti. Nach dem Beginn der Schöpfung entsteht Mahat, in welchem Satoguna überwiegt. Aus Mahat entsteht Buddhi (der Intellekt); aus Buddhi entsteht Ahamkar (das Ego), woraus wiederum das sattvische Ahamkar wird, das den Geist (Manas) erschafft, und auch das rajische Ahamkar, das die Indriyas (die Sinnes- und Handlungsorgane) erschafft, sowie das tamische Ahamkar, aus welchem die Tan-Matras entstehen. Tan-Matra setzt sich aus den beiden Wörtern Tan und Matra zusammen, wobei Tan «das» bedeutet und Matra «nur was rein ist», nicht mit irgendeiner anderen Sache vermischt. Diese Tan-Matras sind fünf an der Zahl: Laut, Tasterlebnis, Farbe, Geschmack und Geruch. Sie entsprechen den fünf großen Elementen (Maha Bhutas) Akash (Äther), Luft, Feuer, Wasser und Erde. Vereint erschaffen sie das individuelle Selbst, in welchem die Gunas in allen vier Bewußtseinszuständen eine aktive Rolle spielen. Wenn sie in der manifestierten Welt wirksam werden, sind sie nicht mehr die reinen Gunas des uranfänglichen Prakriti, denn dann haben auch sie sich manifestiert. Auf dieser Ebene wird Tamoguna zur größten Schlange auf dem Spielbrett am Ende des siebten Chakras. In der achten Reihe liegen die Gunas näher bei ihrer Quelle – und sind folglich reiner.

Das letzte Feld auf dem Spielbrett und der Beginn einer neuen Phase Kosmischen Spiels liefert Form und Material für den Spieler: Eine Schlange tritt auf, die den Spieler verschlingt und ihn wieder auf die Erde zurückbringt.

Tamoguna ist differenzierte bewußte Energie. Tamoguna enthält Licht, kann sich aber wegen seiner Unwissenheit und dem Fehlen einer Einweihung nicht aus sich selbst weiterentwickeln. Es braucht Rajas, damit das Sattva in ihm herauskommen kann – es muß zur Erde hinunter, um mit Hilfe von Karma wieder Form anzunehmen.

Tamoguna ist ein Schleier, der die Wahrheit verbirgt und eine Schlange als Seil und ein Seil als eine Schlange erscheinen läßt. Dunkelheit ist das wesentliche Attribut von Tamoguna, und sein Wesen ist Inaktivität. Der Spieler, der hier landet, verläßt sofort die Ebene der kosmischen Kräfte und kehrt zur Erde zurück, um zu versuchen, die Wahrheit auf einem neuen Weg zu finden.

Was weiter geschieht, weiß nur der Spieler und der Eine, der die Wahrheit ist.